Maat

La guía definitiva de la filosofía de Maat, sus principios y la magia en la espiritualidad kemetista

Su regalo gratuito

¡Gracias por descargar este libro! Si desea aprender más acerca de varios temas de espiritualidad, entonces únase a la comunidad de Mari Silva y obtenga el MP3 de meditación guiada para despertar su tercer ojo. Este MP3 de meditación guiada está diseñado para abrir y fortalecer el tercer ojo para que pueda experimentar un estado superior de conciencia.

https://livetolearn.lpages.co/mari-silva-third-eye-meditation-mp3-spanish/

Tabla de contenidos

Introducción

Maat es una antigua diosa egipcia que representa la verdad, la justicia, el equilibrio y el orden. A menudo se la representa como una mujer con alas o como una pluma de Maat. Como diosa de la verdad, ayuda a encontrar la verdad y a ver las cosas como son. Como diosa de la justicia, aporta equilibrio y orden a la vida. Y como diosa del equilibrio, ayuda a mantener un balance saludable entre todos los ámbitos de la vida.

Maat es también una filosofía espiritual que enseña que todos estamos conectados y que se debe vivir en armonía con los demás y con la naturaleza. Los siete principios de Maat son directrices para vivir una buena vida, y las 42 leyes de Maat son normas que todos deberían seguir para mantener el equilibrio y la armonía en el mundo. Estas leyes incluyen cosas como la honestidad, el respeto a los demás y el cuidado del medio ambiente. El objetivo de la filosofía Maat es vivir una vida alineada con el orden natural del universo.

Maat es un aspecto fundamental del *kemetismo*, la antigua religión egipcia. El *kemetismo* enseña que todos somos hijos de los dioses y debemos vivir la vida para complacerlos. Hay muchas formas de honrar a Maat. Construir santuarios o altares dedicados a ella en las casas, ofrecerle oraciones y meditaciones y celebrar ceremonias y rituales en su nombre. También se puede incorporar a la diosa en la vida moderna viviendo según sus principios y siguiendo sus leyes. Haciendo estas cosas, se crea un mundo más justo y equilibrado para todos.

En este libro, se explora a la diosa Maat, su filosofía espiritual cómo aplicar sus principios en la propia vida. También se aprende sobre algunos otros dioses y diosas del *kemetismo* y cómo honrarlos. Además, se aprende a construir santuarios, realizar rituales y ceremonias y usar oraciones y meditaciones para conectar con lo divino. Por último, se explora el modo de incorporar a Maat en la vida moderna.

Esta guía fácil de seguir le presenta a la diosa Maat y su filosofía espiritual y le proporciona las herramientas y técnicas que necesita para incorporar sus enseñanzas a su vida. Tanto si es nuevo en el *kemetismo* como si lleva años practicándolo, este libro le ayuda a profundizar en el conocimiento de esta antigua tradición y a aplicar sus enseñanzas. Así pues, que inicie el viaje por el mundo de Maat.

Capítulo 1: Maat, diosa y espiritualidad

La idea espiritual de Maat viene del antiguo Egipto y es encarnada en una diosa que representa la verdad, el orden, la moral, el equilibrio y la justicia, entre otras cosas. Maat era un principio rector de la sociedad egipcia y su nombre se reflejaba en diversos aspectos de la vida cotidiana. El jeroglífico de su nombre se llevaba a menudo como amuleto, y la gente juraba en su nombre cuando aseguraba decir la verdad.

En el inframundo, Maat se encargaba de pesar los corazones de los muertos para determinar su valía a la hora de entrar a la otra vida. Se decía que quienes habían llevado una vida desequilibrada y desordenada tenían el corazón «cargado» de malas acciones, mientras que quienes habían vivido bien, según los principios de Maat, tenían el corazón «liviano».

El concepto de Maat ayudó a crear una sociedad basada en la cooperación y la armonía, en lugar del caos y la violencia. En este capítulo se exploran los antecedentes culturales e históricos de Maat y su relevancia en los tiempos modernos. También se analiza el origen de la diosa Maat, sus funciones y los diversos relatos relacionados con ella. Por último, se habla de la importancia de conocer a Maat y de cómo aplicar sus principios en la vida cotidiana.

Maat - La idea espiritual

La religión es un tema complejo y a menudo incomprendido. Como seres humanos, buscamos constantemente respuestas a las grandes preguntas de la vida. ¿Cuál es nuestro propósito? ¿De dónde venimos? ¿Adónde vamos cuando morimos? Para muchos, la religión es un marco para responder a estas preguntas. Existen innumerables tradiciones religiosas en el mundo, cada una con sus propias creencias y prácticas. Una de estas tradiciones es la religión del antiguo Egipto. En el centro de este sistema de creencias se encuentra la diosa Maat.

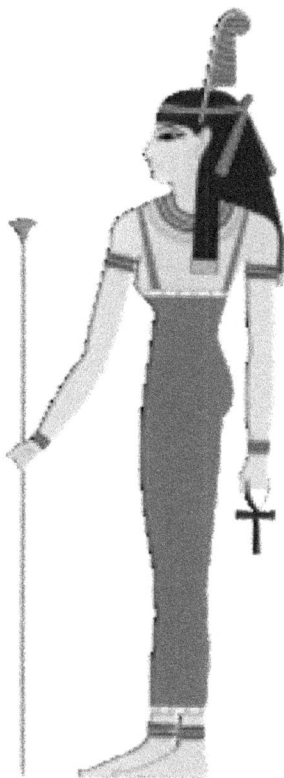

La diosa Maat representaba la verdad y el equilibrio

Maat representaba la verdad, la justicia y el equilibrio. Era la fuerza que mantenía unido el universo y garantizaba que todo permaneciera en orden. Para los egipcios, Maat era el ideal espiritual al que todos debían aspirar. Al morir, se creía que el corazón se ponía en una balanza y su peso se comparaba con el de una pluma de Maat. Si el corazón resultaba ser más ligero que la pluma, la persona había vivido una vida virtuosa y tenía acceso a la otra vida. En caso contrario, sería arrojada al olvido.

Aunque la idea de Maat ya no es muy popular, sigue siendo un concepto intrigante que invita a la reflexión. Ofrece una perspectiva sobre la moral que vale la pena considerar en la propia vida. En un mundo en el que el egoísmo y la codicia se imponen a menudo, los ideales de Maat ofrecen una alternativa refrescante. Si se toma el tiempo necesario para reflexionar sobre las propias acciones y considerar si se ajustan a los principios de Maat, quizá se sorprenda de lo satisfactorias que puede ser su vida.

El significado en la cultura egipcia

La cultura del antiguo Egipto estaba profundamente arraigada en la espiritualidad, y uno de los conceptos más importantes era el de Maat. Este principio de verdad, justicia y equilibrio era esencial para mantener la armonía tanto en el mundo natural como en el humano. La diosa Maat personificaba estas cualidades y a menudo era representada como una mujer joven con una pluma de avestruz en la cabeza.

Maat representaba al ser humano ideal y servía de modelo de comportamiento en muchos sentidos. Los egipcios pensaban que vivir siguiendo a Maat les permitía conservar el favor de los dioses y tener éxito en la vida después de la muerte. En consecuencia, este concepto era muy valorado en la sociedad egipcia y marcó de forma significativa la cultura.

La evolución de Maat

El antiguo concepto egipcio de Maat se describe a menudo como un sistema de principios morales o un código de conducta. La palabra Maat procede del jeroglífico de una pluma de avestruz, que se utilizaba como símbolo de la verdad y la justicia en la iconografía egipcia. La idea de Maat comenzó con la creencia de que el universo era sostenido por un conjunto de leyes divinas y, para mantener la armonía con el mundo natural, los humanos tenían que cumplir estas leyes. Con el tiempo, el concepto de Maat evolucionó hasta abarcar principios éticos y morales y se convirtió en sinónimo de estos conceptos. Actualmente, este concepto sigue siendo una parte esencial de la cultura egipcia.

La importancia de Maat en la actualidad

Los antiguos egipcios tenían una religión compleja y sofisticada que giraba en torno al culto de un panteón de dioses y diosas. En muchos sentidos, Maat es el equivalente egipcio de la diosa griega Nike o la diosa romana Justitia. Para los antiguos egipcios, Maat no era simplemente un código moral o un sistema ético, sino una fuerza cósmica que garantizaba que el universo funcionara correctamente. En tiempos de caos o desorden, se creía que Maat podía restablecerse mediante rituales y oraciones.

A pesar de ser un concepto antiguo, Maat sigue siendo relevante en la actualidad. En un mundo a menudo caótico e impredecible, es importante recordar la búsqueda de la verdad, la justicia y el equilibrio. También se puede aprender del ejemplo de los antiguos egipcios, que veían en Maat una poderosa fuerza para el bien en el mundo. Invocando a Maat en nuestras propias vidas, podemos crear un mundo más justo y ordenado para nosotros y para las generaciones futuras.

La diosa Maat

En la mitología del antiguo Egipto, Maat era la diosa de la verdad, la justicia y el orden. A menudo se la representaba como una mujer joven con una pluma blanca que era símbolo de la verdad. Maat era hija del dios del sol, Ra, y de la diosa del cielo, Nut. En algunos relatos, también era la esposa del dios de la luna, Thoth. Se creía que Maat mantenía el mundo en equilibrio y evitaba el caos. Su nombre significa «verdad» o «justicia».

Los egipcios creían que si seguían las leyes de Maat, serían recompensados en la otra vida. Quienes no seguían sus leyes, por otra parte, eran castigados. Los sacerdotes de Maat se encargaban de velar por el cumplimiento de las leyes de la diosa. También ayudaban a resolver las disputas y a determinar los castigos. Esta diosa representaba todo lo bueno y lo correcto en la cultura egipcia.

Los orígenes de la diosa Maat

Se cree que la diosa Maat tiene su origen en el periodo predinástico de la historia egipcia. En esta época, el pueblo egipcio estaba dividido en dos grandes grupos: los pastores nómadas del desierto y los agricultores sedentarios del valle del Nilo. Ambos grupos tenían creencias y costumbres diferentes y a menudo entraban en conflicto. Los nómadas del desierto adoraban a una diosa conocida como el «Ojo de Ra». Esta diosa estaba asociada con el caos y el desorden. Los agricultores del valle del Nilo adoraban a una diosa conocida como «Maat», que estaba asociada con la verdad, la justicia y el equilibrio.

Cuando ambos grupos entraron en contacto, empezaron a compartir sus creencias y costumbres. El Ojo de Ra se asoció con Maat y las dos diosas se fusionaron en una sola. Con el tiempo, el concepto de Maat llegó a abarcar todo lo que era bueno y correcto en el universo. Los humanos estaban obligados a respetar las leyes de Maat para mantener la armonía entre ellos y el mundo natural.

Los roles de la diosa Maat

La pluma que llevaba Maat representaba la verdad y se utilizaba como símbolo de la diosa en el arte y la literatura. A veces también era representada con una pluma de avestruz o un par de escamas. Estos símbolos representaban su papel como diosa de la verdad y la justicia.

En la mitología egipcia, Maat desempeñaba un papel importante en la vida después de la muerte. Osiris juzgaba a los muertos, colocando sus corazones en una balanza y comparándolos con una pluma. Si el corazón pesaba más que la pluma, significaba que la persona había cometido malas acciones en vida y que sería destruida.

Como diosa de la verdad y la justicia, no es de extrañar que Maat también fuera la patrona de escribas y jueces. En el antiguo Egipto, estas funciones estaban estrechamente relacionadas, ya que los escribas eran los responsables de registrar las decisiones legales y mantener registros precisos. La diosa Maat representaba el orden y el equilibrio del universo, y su culto era especialmente popular entre quienes usaban estos principios en su trabajo. Los escribas y jueces invocaban el nombre de la diosa al prestar juramento, y su imagen se colocaba en las salas de los tribunales como recordatorio de la importancia de la verdad y la justicia. Al honrar a Maat, escribas y jueces se aseguraban de ser bendecidos con sabiduría y perspicacia en su trabajo.

Se le hacían ofrendas para preservar la verdad y la justicia en la sociedad. En algunos mitos, se dice incluso que creó el universo. Por tanto, era una diosa poderosa e importante en la antigua religión egipcia.

Leyendas relacionadas con la diosa Maat

Son muchos los cuentos e historias relacionados con la diosa Maat. Desde su papel en la creación del universo hasta su lugar en el más allá, fue una parte importante de la mitología egipcia. He aquí algunos de los cuentos más populares asociados con esta diosa:

La creación del universo

Una leyenda cuenta que Maat fue responsable de la creación del universo. Se dice que surgió de las aguas primigenias con el dios del sol Ra. Juntos crearon la primera tierra y todas las criaturas que la habitan. Esta historia destaca el papel de Maat como diosa de la verdad y el equilibrio. También subraya su importancia en la creación del mundo.

La leyenda de los dos luchadores

En esta historia, dos hombres se enzarzan en una pelea. Uno de ellos resultó muerto y el otro fue llevado ante un juez; cuando el juez preguntó al hombre qué había sucedido, él dijo que no lo recordaba. El juez llamó entonces a la diosa Maat. Maat contó al juez lo que había sucedido: el primer hombre inició la pelea, y el segundo solo se defendió. El juez declaró inocente al sobreviviente y lo puso en libertad.

Esta historia ilustra la importancia de la verdad en la sociedad egipcia. También demuestra que, aunque alguien no esté seguro de lo ocurrido, la diosa Maat siempre revela la verdad.

La destrucción de Apep

Apep era una serpiente gigante que vivía en el inframundo. Cada noche, intentaba destruir al dios del sol, Ra. Para proteger a Ra, la diosa Maat luchó contra Apep. Le cortó la cabeza con su espada y destruyó su cuerpo dándoselo a su feroz león. Esta historia destaca el papel de Maat como protectora de Ra. También muestra su fuerza y poder.

El juicio de Set

Según la leyenda, Maat era la encargada de mantener el orden cósmico y garantizar el equilibrio del universo. Una de sus historias más famosas es el «juicio de Set». Set era el dios del caos y el desorden. En esta historia, mató a su hermano Osiris y se apoderó de Egipto. Ra se enfadó tanto que envió a Maat para juzgarlo.

Este relato cuenta cómo Maat es llamada para juzgar los actos del dios Set, acusado de asesinar a su hermano Osiris. Tras considerar detenidamente las pruebas, Maat declara culpable a Set y lo condena al castigo eterno. La historia del juicio de Set enseña que incluso los dioses deben ser responsables por sus actos y que la justicia siempre prevalece.

Maat en contraposición a Isfet

A diferencia de Maat, Isfet era la diosa del caos, la violencia y el desorden. A menudo se la representaba como una leona o una serpiente, y su nombre significaba «injusticia». Se creía que Isfet causaba trece enfermedades, 42 males y todo lo que era desagradable en la vida. También se la consideraba responsable de desastres naturales como inundaciones y tormentas. Mientras que Maat representaba todo lo bueno y ordenado del mundo, Isfet encarnaba todo lo caótico y peligroso.

En la mitología egipcia, Maat e Isfet estaban constantemente en conflicto. Los egipcios creían que si Maat perdía esa batalla, el mundo se sumiría en el caos y la oscuridad. Pero si Maat ganaba, el mundo permanecería en equilibrio y armonía. La historia del juicio de Set es un ejemplo de la victoria de Maat sobre Isfet. En este relato, Set es castigado por sus actos caóticos y violentos y Maat se reafirma como diosa de la verdad y la justicia.

La importancia de conocer a Maat

Para los antiguos egipcios, Maat era esencial para el bienestar individual y social. Conocerla enseña mucho sobre cómo vivir la vida de forma armoniosa y satisfactoria. También ayuda a comprender el papel de cada uno en el mundo. Al aprender sobre Maat, la vida adquiere un mayor sentido y significado.

En el mundo moderno, es fácil olvidarse de la importancia de la verdad, la justicia y el equilibrio. Quedamos atrapados en nuestra propia vida y descuidamos las necesidades de los demás. También es frecuente que los deseos y temores propios nublen nuestro juicio. Pero si nos tomamos el tiempo necesario para reflexionar sobre las enseñanzas de Maat, podemos aprender a vivir nuestras vidas de un modo más armonioso y satisfactorio. Algunas de las cosas que se pueden hacer para aplicar los principios de Maat en la propia vida son:

Tratar a los demás con respeto y justicia

Tratar a los demás con respeto y justicia contribuye a crear un mundo más justo y equilibrado. Por supuesto, esto no siempre es fácil. Todos tenemos diferentes perspectivas y opiniones y puede ser difícil encontrar coincidencias. Sin embargo, recordando los principios de Maat, podemos tratarnos con amabilidad y comprensión, incluso cuando no estamos de acuerdo. Así se contribuye con la creación de un mundo más pacífico y armonioso.

Cuando tratamos a los demás con respeto y equidad, actuamos según los principios de Maat. Esto significa tener en cuenta las necesidades y sentimientos de los demás y darles el mismo trato que querríamos para nosotros. También implica no aprovecharse de nadie ni maltratarlo de ninguna manera.

Ser honesto y veraz

Aunque Maat tiene miles de años, su mensaje sigue siendo relevante hoy en día. En nuestro mundo acelerado y de conexión constante, es fácil caer en mentiras o verdades a medias. Pero si se reflexiona sobre la diosa Maat, se recuerda la importancia de llevar una vida honesta y sincera. Esto significa que no se debe mentir ni engañar. También no hacer promesas que no se pueden cumplir. Cuando se es honesto, se es justo con uno mismo y con los demás.

Respetar los derechos de los demás

Otro aspecto importante de Maat es el respeto por los derechos de los demás. Esto significa no aprovecharse de nadie ni vulnerar sus derechos. También tener cuidado de no sobrepasar los límites. Todos tenemos derecho a vivir en paz y armonía. Es responsabilidad de cada uno defender los principios de Maat en la vida cotidiana. Los principios de Maat son una brújula moral que ayuda a tomar decisiones alineadas con los valores más elevados. Siguiendo el camino de Maat, se crea un mundo más justo y pacífico para la actualidad y las generaciones venideras.

Vivir en sincronía con el mundo

Muchas personas viven desconectadas del mundo que las rodea. Viven en un estado de desequilibrio, sintiendo desacuerdos con el orden natural de las cosas. Esto conduce a un sentimiento de frustración y desesperación. Sin embargo, la antigua filosofía egipcia ayuda a vivir en armonía con el mundo circundante. El principio de Maat enseña a actuar con integridad y a respetar los derechos de los demás. Siguiendo esta filosofía, se aprende a vivir en sintonía con el mundo y se encuentra una sensación de paz y plenitud.

Los beneficios de aprender sobre Maat

Aprender sobre Maat ofrece numerosos beneficios. Por un lado, fomenta una mayor comprensión y aprecio por la justicia y la moral. Además, el estudio de Maat da una idea de cómo los antiguos egipcios veían el mundo y cuál era su lugar en él. Por ello, aprender sobre Maat es una experiencia valiosa para cualquiera que esté interesado en la historia o la religión comparada. He aquí algunos beneficios adicionales de aprender sobre Maat:

1. **Vida armoniosa y plena**

   Los principios de Maat son un conjunto de directrices que ofrecen consejos sobre cómo vivir una vida armoniosa y plena. Estos principios ayudan a crear equilibrio en la vida y las relaciones basándose en las enseñanzas de la sabiduría del antiguo Egipto. Al aprender sobre Maat, se desarrolla una mayor comprensión de sí mismo y del mundo. Los principios de Maat ofrecen una valiosa perspectiva sobre cómo vivir la vida de forma respetuosa, compasiva y justa. Proporcionan un modelo para vivir con más armonía y plenitud.

2. **Una comprensión más profunda de la historia y la cultura egipcia**

   Maat representa el orden ideal del universo y su nombre se utiliza para referirse a los conceptos de verdad y justicia. En la sociedad egipcia Maat era muy importante y se creía que debía estar presente en todos los aspectos de la vida. Conocer a Maat permite comprender mejor la historia y la cultura egipcia. Permite aprender sobre la importancia de la justicia y la verdad en la sociedad del antiguo Egipto. Además, se puede explorar el papel de Maat en la configuración de la religión y la filosofía egipcias.

3. **Un mayor aprecio por la justicia y la moral**

   Conociendo a la diosa Maat, se aprecia más la justicia y la moralidad. Los egipcios creían que era importante vivir en armonía con Maat, ya que esto traería un mundo justo y ordenado. Por ello, daban mucha importancia a la ley y a la moral. Al comprender a Maat, se aprecia mejor la importancia de la justicia y la moral en la propia vida. También se comprende mejor la visión del antiguo Egipto y cómo se esforzaban por crear una sociedad justa. En consecuencia, aprender sobre Maat ayuda a ser mejores personas en la actualidad.

4. El camino hacia un mundo más pacífico y justo

Los principios de Maat se basan en la creencia de que todas las personas son iguales y deben recibir un trato justo. Comprendiendo y defendiendo este ideal, se crea una sociedad más compasiva. Además, aprender sobre Maat también ayuda a encontrar la paz interior. Cuando se vive según sus principios, se encuentra equilibrio y armonía en el interior. Como resultado, se afrontan mejor las tensiones de la vida cotidiana. En última instancia, eso lleva a un mundo más pacífico y justo.

5. Una mayor comprensión de sí mismo

Los antiguos egipcios creían que cada persona tenía un Ka, o doble espiritual. Se creía que el Ka era la esencia de la personalidad de cada uno y que representaba los deseos más profundos. Por consiguiente, se creía que comprendiendo su propio Ka, las personas se comprendían mejor a sí mismas. Aprender sobre Maat ayuda a comprender mejor el propio Ka.

Maat es una diosa importante en la mitología y la religión egipcias. Representa el orden ideal del universo y está asociada con la verdad, la justicia y el equilibrio. Aprender sobre Maat es una experiencia valiosa para cualquier persona interesada en la historia o la religión comparada. Además, ayuda a llevar una vida más armoniosa y satisfactoria. Por último, comprender a Maat colabora en la construcción de un mundo más pacífico y justo.

Capítulo 2: Maat y el *kemetismo*

Maat cumple un papel central en el *kemetismo*, al igual que en la antigua religión egipcia. Representa el ideal de armonía y orden en el universo como diosa de la verdad, la justicia y el equilibrio. En el *kemetismo*, Maat es fundamental para la comprensión del mundo y del lugar que ocupamos en él. Viviendo según sus principios, se crea un mundo más pacífico y justo para todos.

Este capítulo explora las creencias y tradiciones del *kemetismo*, centrándose en la importancia de Maat. También se compara el *kemetismo* con el cristianismo, destacando las similitudes y diferencias entre ambas religiones.

¿Qué es el *kemetismo*?

El *kemetismo*, también conocido como neopaganismo egipcio u ortodoxia *kemetista*, es un movimiento religioso pagano moderno basado en la antigua religión egipcia. Las raíces del *kemetismo* se remontan a principios del siglo XX, cuando surgió la egiptología como campo de estudio. El interés por la antigua religión egipcia creció a lo largo del siglo XX, lo que llevó a la formación de varias organizaciones y grupos *kemetistas* en los años setenta y ochenta.

Los orígenes del *kemetismo*

En el siglo XIX, varios eruditos empezaron a redescubrir y revivir la antigua religión egipcia. Entre estos «egiptólogos» se encontraban el arqueólogo británico Sir Flinders Petrie, el egiptólogo francés Auguste Mariette y el egiptólogo alemán Karl Richard Lepsius. Ellos fueron capaces de descifrar jeroglíficos y conocer más a fondo las creencias y prácticas del antiguo Egipto. Esto les permitió comprender y apreciar mejor la religión del antiguo Egipto.

El desarrollo del *kemetismo*

A principios del siglo XX, varios grupos ocultistas empezaron a adoptar aspectos de la antigua religión egipcia en sus sistemas de creencias. Entre ellos se encuentran la Orden Hermética de la Aurora Dorada, que influyó en el desarrollo de la *wicca* moderna; y el Ordo Templi Orientis, que sigue activo en la actualidad.

Sin embargo, no fue hasta las décadas de 1970 y 1980 cuando el *kemetismo* comenzó a emerger como un movimiento religioso independiente. Esto se debió en gran parte al trabajo de dos egiptólogos estadounidenses, Ronald L. Grimes y Tamara L. Siuda. Grimes es autor de varios libros sobre el *kemetismo*, entre ellos *The Discovery of the Goddess* (El descubrimiento de la diosa) y *The Pagan Faith of Rameses the Great* (La fe pagana de Ramsés el grande). Siuda, por su parte, es la fundadora de la ortodoxia *kemetista*, la mayor y más conocida organización *kemetista*.

El *kemetismo* en la actualidad

En la actualidad, el *kemetismo* es practicado por un número pequeño, pero creciente, de personas en todo el mundo. Los *kemetistas* celebran su culto juntos en templos o como parte de una comunidad en internet. Aunque no existe una teología *kemetista* unificada, la mayoría de los *kemetistas* creen en el poder de los dioses y diosas para influir en el mundo y en nuestras vidas. Muchos *kemetistas* también participan en rituales y ceremonias regulares, que a veces implican el sacrificio de animales. El *kemetismo* no es solo una religión, sino una forma de vida para muchos de sus seguidores. Proporciona una conexión con el pasado y un sentimiento de pertenencia a una comunidad más amplia.

Creencias y tradiciones del *kemetismo*

El *kemetismo* es una religión pagana moderna que se centra en el culto a los antiguos dioses egipcios. Sus seguidores creen que reconectando con la religión de sus antepasados pueden crear un mundo más equilibrado y armonioso. El nombre *kemetista* de Egipto es Kemet, que significa «la tierra negra». Se refiere a la tierra fértil a lo largo del río Nilo, que fue el centro de la civilización egipcia.

El año *kemetista* comienza en septiembre y termina en agosto. Este calendario se basa en el ciclo agrícola del río Nilo, que se desborda anualmente entre junio y septiembre. El día *kemetista* comienza al amanecer y termina al atardecer. Hay tres pilares principales del *kemetismo*: Maat, Netjer y los antepasados.

Maat es el principio de la verdad, la justicia y el equilibrio, y está representada por la pluma de Maat, que se utilizaba para pesar los corazones de los egipcios fallecidos. Netjer es la palabra *kemetista* para dios o diosa. Los antepasados son quienes nos han precedido y siguen desempeñando un papel importante en nuestras vidas. El *kemetismo* enseña que todos estamos interconectados y debemos vivir en armonía con los demás y con la naturaleza.

Deidades

Algo que hace único al kemetismo es su panteón de dioses y diosas. Algunas de las deidades más populares son Isis, Osiris y Ra.

Isis

Isis era una de las deidades más populares del antiguo *kemetismo*. Era venerada en todo Egipto y sus templos eran de los más visitados del país. Isis estaba asociada con varios conceptos, como la maternidad, la fertilidad, la magia y la curación. Sus símbolos eran el *ankh*, la flor de loto, la vaca y la planta del papiro. A menudo se la representaba como una mujer con alas o con cuernos de vaca en la cabeza.

Osiris

En el *kemetismo*, Osiris es el dios del inframundo y del más allá. A menudo se le representa como un hombre de piel verde con barba de faraón, que lleva una corona de plumas y sostiene un bastón. Osiris es el esposo de Isis y el padre de Horus. Osiris fue asesinado por su hermano Set, pero fue resucitado por Isis y se convirtió en el juez de los muertos en la otra vida.

Osiris es el señor de la fertilidad y la agricultura y, como tal, se le asocia a menudo con el río Nilo. También se le asocia con la muerte y la resurrección, ya que resucitó tras ser asesinado por Set. Muchos *kemetistas* creen que al morir serán juzgados por Osiris en la otra vida y, dependiendo de sus actos, se les concederá un lugar en el Campo de las Cañas o en la Boca del Devorador. Osiris es un dios importante para muchos *kemetistas*, que lo ven como un poderoso protector y guía.

Ra

Ra es el dios del sol del antiguo Egipto y uno de los más importantes del panteón *kemetista*. Se creía que era el creador del universo y su imagen se esculpía a menudo en las paredes de los templos y los obeliscos. También se asociaba con la realeza y su nombre se utilizaba a menudo como título real. Ra solía representarse como un hombre con cabeza de disco solar o como un león con cabeza de halcón. A veces también se representaba con cuerpo humano y siempre iba acompañado de sus fieles compañeras, las diosas Maat e Isis.

Se creía que Ra viajaba por el cielo en su corteza solar y descendía al inframundo por la noche. Los egipcios creían que Ra velaba por ellos incluso después de la muerte y que juzgaba sus almas en el más allá. Era uno de los dioses más poderosos e importantes del *kemetismo*.

Horus

En la antigua religión egipcia, Horus era el dios del cielo y el rey de los dioses. A menudo se le representaba como un hombre con cabeza de halcón que llevaba la corona del alto Egipto. Como hijo de Osiris e Isis, Horus también estaba asociado con el sol y la curación. En uno de sus mitos más famosos, lucha contra su tío Set por el control de Egipto. Este mito simboliza la lucha entre el orden y el caos y sirve para explicar por qué el faraón era divino.

En la actualidad, Horus sigue siendo venerado por los seguidores del *kemetismo*, una religión de inspiración egipcia surgida a principios del siglo XX. Los devotos creen que Horus les ayuda a superar retos y alcanzar su máximo potencial.

Thoth

El *kemetismo* es una antigua religión egipcia que se centra en el culto a un panteón de dioses y diosas. Una de las deidades más importantes es Thot, que a menudo se representa como un hombre con cabeza de ibis. Es el dios de la sabiduría, la magia y la escritura, y a él se atribuye la invención de los jeroglíficos.

También se le asocia con la luna y a veces es llamado «señor de la luna». Además de estas asociaciones, Thot es uno de los dioses más importantes en la vida de ultratumba del *kemetismo*, donde actúa como guía y protector de los muertos. Es una deidad muy venerada en el *kemetismo*, y sus templos son algunos de los destinos turísticos más populares de Egipto.

Bast

En el *kemetismo*, Bast es la diosa del sol, los gatos, el calor y la fertilidad. A menudo se la representa como una mujer con cabeza de gato o leona, y a veces es llamada «ojo de Ra». Además de su papel como deidad solar, Bast también se asocia con los gatos y otros felinos. A menudo se dice que los guía en sus cacerías nocturnas y también se cree que es su protectora y la de sus cuidadores.

Bast también es diosa del amor y la fertilidad y sus templos solían utilizarse como lugares de curación. Quienes la veneraban creían que tenía el poder de curar enfermedades y traer nueva vida al mundo. Por ello, Bast era una de las diosas más populares del antiguo *kemetismo*.

La vida después de la muerte en el *kemetismo*

Según las enseñanzas del *kemetismo*, el alma es inmortal y vivirá en el más allá. No existe una idea única de cómo es el más allá, pero a menudo se piensa en él como un paraíso donde el alma puede descansar y estar en paz. El viaje al más allá no siempre es fácil. El alma debe superar varias pruebas antes de llegar a su destino final.

Se dice que algunas de estas pruebas son difíciles, pero superarlas se considera un signo de fortaleza y perseverancia. Quienes superan con éxito la otra vida son recompensados con la vida eterna en el paraíso. Para muchos *kemetistas*, la creencia en la vida después de la muerte es uno de los aspectos más reconfortantes de su religión. Les da la esperanza de que, incluso después de morir, sus almas seguirán existiendo de alguna forma y que algún día se reunirán con sus seres queridos.

Rituales y ceremonias

El *kemetismo* es una antigua religión egipcia que se practica desde hace más de 5.000 años. A lo largo de este tiempo, ha desarrollado una rica tradición de rituales y ceremonias que sus seguidores actuales siguen practicando. He aquí algunos de los rituales y ceremonias más importantes del *kemetismo*:

Ceremonia de apertura de la boca

La ceremonia de apertura de la boca es uno de los rituales más importantes del *kemetismo*, religión basada en el culto a las antiguas deidades egipcias. La ceremonia sirve para consagrar las imágenes de los dioses y darles vida para que sean veneradas. En el ritual participan dos sacerdotes, uno que representa al dios Shu y otro a la diosa Tefnut.

Shu sostiene una azuela ceremonial con la que abre la boca de la estatua o imagen. A continuación, Tefnut da vida a la imagen con un quemador de incienso. La ceremonia de apertura de la boca se suele realizar en las estatuas de Osiris, ya que se cree que esto le permite resucitar y cumplir su papel de señor del inframundo. La ceremonia también se puede realizar en momias para darles la capacidad de hablar y ver en la otra vida.

Fiesta de Bast

La Fiesta de Bast es una de las celebraciones más importantes del *kemetismo*, religión basada en el culto a la diosa egipcia Bast. Se celebra cada año el primer día del mes de Thoth y conmemora el papel de Bast como protectora y guardiana. Durante la fiesta, los devotos de Bast le ofrecen plegarias y sacrificios y suelen llevar ropas o joyas especiales en su honor. La festividad es también un momento de fiesta y alegría, y muchos templos *kemetistas* celebran fiestas públicas que incluyen música, danza y festines de comida tradicional. Para quienes rinden culto a Bast, esta fiesta es un momento para recordarla como una poderosa deidad que aporta fuerza y protección a sus seguidores.

La Fiesta de Opet

La Fiesta de Opet era una de las ceremonias más importantes del antiguo Egipto. Duraba más de dos semanas y se celebraba en honor del dios Amón, su consorte Mut y su hijo Khonsu. Durante el festival, una estatua de Amón era transportada por el río Nilo en una barcaza desde su templo, en Karnak, hasta Luxor. Durante el trayecto se celebraban banquetes, música y bailes. La estatua se colocaba en el santuario de Luxor, donde permanecía una semana. Después, era llevada de vuelta a Karnak en una gran procesión. El festival era un momento de alegría y celebración, que reforzaba el vínculo entre el pueblo y sus dioses.

Carreras de barcos de Mesektet

Las carreras de barcos de Mesektet son un ritual popular entre los seguidores del *kemetismo*, una antigua religión egipcia. Las carreras se celebran el quinto día del mes de Epip, cuando se cree que el dios del sol, Ra, está más débil. Durante la carrera, los participantes intentan llegar a la meta en embarcaciones con forma de barcazas de papiro. Se dice que el ganador recibe la bendición de Ra y un lugar especial en el templo de Re-Horakhty.

Las carreras de barcas de Mesektet son solo uno de los rituales y ceremonias importantes en el *kemetismo*. Otros son la ceremonia de apertura de la boca, que se utiliza para dar vida a estatuas y momias; y el Festival de Opet, que celebra la unión de Osiris e Isis. En conjunto, estos rituales y ceremonias crean un fuerte sentimiento de comunidad entre los seguidores del *kemetismo* y proporcionan una forma de conectar con sus antiguas creencias.

Ética y moral

La ética y la moral son dos conceptos importantes en cualquier sociedad. Definen lo que está bien y lo que está mal y proporcionan un conjunto común de directrices que se utilizan para tomar decisiones. El *kemetismo* es un sistema ético y moral africano basado en las enseñanzas del antiguo sacerdocio egipcio. El código ético *kemetista* hace hincapié en Maat, o equilibrio y armonía. Esto significa que los individuos deben esforzarse por mantener el equilibrio en todos los ámbitos de su vida, incluidas sus relaciones con otras personas, la naturaleza y lo divino.

Además, los *kemetistas* creen que cada acción tiene una consecuencia, tanto buena como mala. Esta creencia guía a las personas en sus decisiones, ya que consideran las consecuencias inmediatas de sus acciones y las implicaciones a largo plazo. Siguiendo los principios de Maat, los *kemetistas* se esfuerzan por crear un mundo justo y armonioso para todos.

La filosofía del *kemetismo*

El *kemetismo* es una fe relativamente nueva basada en la creencia de que las deidades del antiguo Egipto siguen vivas y activas en el mundo. Los seguidores del *kemetismo* creen que es posible entrar en comunión con estas deidades para recibir guía y protección. La filosofía del *kemetismo* se basa en los principios de Maat, que hacen hincapié en el equilibrio, la verdad, la justicia y el orden.

La filosofía del *kemetismo* enfatiza en la justicia
Ahmer Jamil Khan, CC0, via Wikimedia Commons:
https://commons.wikimedia.org/wiki/File:Scales_of_Justice_and_Wreath.svg

Los *kemetistas* creen que, si se adhieren a estas normas, el mundo puede convertirse en un lugar más pacífico. Además, buscan conectar con sus antepasados y el mundo de los espíritus y aprovechar la sabiduría de quienes les han precedido. Al honrar el pasado y el presente, los *kemetistas* creen que se puede crear un futuro brillante para todos.

El papel de los sacerdotes en el *kemetismo*

Los sacerdotes del antiguo Egipto desempeñaban un papel muy importante en la sociedad. Eran responsables de mantener los templos limpios y en buen funcionamiento y de realizar diversas ceremonias y rituales. También eran responsables de enseñar a la gente acerca de los dioses y diosas y de enseñarles los principios de Maat.

En la actualidad, el sacerdocio *kemetista* no es tan numeroso ni está tan organizado como antaño. Sin embargo, hay algunos sacerdotes y sacerdotisas que practican la fe y que se esfuerzan por mantener vivas las tradiciones. Estos individuos desempeñan un papel importante en la comunidad *kemetista*, proporcionando guía y sabiduría a quienes las buscan.

La importancia de Maat en el *kemetismo*

Uno de los conceptos más importantes del *kemetismo* es Maat, que se traduce aproximadamente como orden, equilibrio o justicia. La idea de Maat es fundamental para la antigua moral egipcia, ya que dicta que los individuos deben vivir en armonía entre sí y con el mundo natural. En la práctica, esto significa que deben actuar con honestidad, compasión y respeto. Además, deben esforzarse por mantener el equilibrio en todos los aspectos de su vida.

El principio de Maat se representa a menudo con la imagen de una balanza, en la que un lado representa el caos y el otro el orden. El objetivo es mantener el equilibrio para que ninguno de los dos lados prevalezca demasiado. Puede ser una tarea difícil, pero los *kemetistas* creen que vale la pena esforzarse.

Aunque el concepto de Maat parezca sencillo a primera vista, puede ser difícil de poner en práctica. Sin embargo, quienes viven según Maat encuentran sus vidas más satisfactorias y significativas. Además, al vivir en armonía con los demás, ayudan a crear un mundo más justo y pacífico. En resumen, el concepto de Maat es esencial, tanto para el bienestar individual como para la salud de la sociedad en su conjunto.

Kemetismo vs. cristianismo

Una de las principales razones del resurgimiento del *kemetismo* es que no está vinculado a ninguna cultura ni etnia. Más bien, está abierto a cualquiera que busque conectar con lo divino a través de las enseñanzas de Maat. En cambio, el cristianismo es una religión basada principalmente en la creencia en un Dios.

Aunque hay muchas ramas diferentes en el cristianismo, el principio central es el mismo: la fe en Jesucristo como salvador y la adhesión a su palabra. Para muchas personas, el *kemetismo* ofrece un camino más tolerante e inclusivo hacia la espiritualidad. En un mundo cada vez más dividido, el *kemetismo* ofrece una oportunidad única para que personas de todos los orígenes se reúnan y adoren como uno solo.

Semejanzas

Aunque a menudo es eclipsado por el cristianismo, el *kemetismo* comparte varios aspectos con esta religión. He aquí algunos de ellos:

- Tanto el *kemetismo* como el cristianismo creen en la existencia de uno o varios dioses.
- Ambas religiones enseñan que es importante llevar una vida moralmente buena.
- Tanto el *kemetismo* como el cristianismo hacen hincapié en la importancia de la comunidad.
- Ambas religiones enseñan que es posible estar en comunión con lo divino.
- Tanto el kemetismo como el cristianismo ven el sufrimiento como una parte necesaria de la experiencia humana.

Diferencias

Sin embargo, a pesar de compartir algunas creencias, el *kemetismo* y el cristianismo son muy diferentes. Mientras que el *kemetismo* se centra en la transformación interior, el cristianismo se ocupa principalmente de la salvación del pecado.

El *kemetismo* y el cristianismo son dos religiones distintas. La primera se basa en la creencia de que existe un Dios Supremo que es responsable de todo en el universo. El cristianismo, en cambio, enseña que existe una Trinidad de tres dioses, separados pero iguales. Los cristianos también creen en el concepto del pecado original, mientras que los *kemetistas* no.

Por último, los *kemetistas* siguen estrictas leyes dietéticas y practican limpiezas rituales, mientras que los cristianos no. Aunque hay muchas diferencias entre estas dos religiones, ambas ofrecen un camino hacia la espiritualidad y una forma de conectar con lo divino.

El *kemetismo* es una antigua religión centrada en la diosa Maat y en el concepto de equilibrio. Esta religión ha experimentado un resurgimiento en los últimos años debido a su carácter integrador y tolerante. Los rituales y creencias del *kemetismo* se centran en la naturaleza, la vida después de la muerte y la moralidad. El *kemetismo* es una religión compleja que sigue siendo estudiada y practicada por muchas personas en la actualidad.

Este capítulo ha proporcionado una visión general de Maat y el *kemetismo*. Se ha explorado la historia, las creencias y las prácticas de esta religión única. En conclusión, el *kemetismo* es una valiosa tradición espiritual que tiene mucho que ofrecer al mundo moderno.

Capítulo 3: Los siete principios y las 42 leyes

Los antiguos egipcios creían en varias cosas que muchos considerarían meras supersticiones. Creían en deidades que regían distintos aspectos de sus vidas y en una vida después de la muerte, en la que serían juzgados por sus actos en esta vida. Los antiguos egipcios tenían un código de conducta para llevar sus vidas de forma que fueran juzgados favorablemente en la otra vida. Este código de conducta se conocía como Maat.

Este capítulo ofrece una visión general de Maat y de los siete principios que representaba. Además, explora la conexión entre Maat y los diez mandamientos, así como las 42 leyes asociadas a este principio. Por último, se explica cómo seguir las leyes de Maat ayudaba a alcanzar una vida pacífica en el más allá.

Los siete principios de Maat

Los antiguos egipcios tenían un complejo sistema de creencias que giraba en torno a la idea del equilibrio. Esta doctrina se conocía como Maat y se reflejaba en todos los aspectos de la vida egipcia. Los siete principios de Maat eran un conjunto de directrices que describían la forma de vivir en armonía consigo mismos y con la comunidad. Estos principios fomentaban la veracidad, la justicia y la compasión y pretendían crear una sociedad basada en el respeto y la cooperación. Los siete principios de Maat son un ejemplo inspirador de cómo diferentes culturas pueden promover la paz y el equilibrio en el mundo. He aquí un breve resumen de cada principio:

1. Verdad

El primer principio de Maat es la verdad. En las creencias del antiguo Egipto, el primer principio de Maat subraya la importancia de la veracidad en todos los aspectos de la vida. Se cree que la honestidad es esencial para crear y mantener relaciones y alcanzar el éxito en cualquier empresa. Al hablar y actuar con integridad, nos alineamos con el Universo y manifestamos nuestros deseos más profundos. Cuando se es sincero, se está alineado con el yo más elevado y con la voluntad Divina.

La pluma de Maat representa el principio de la verdad
Metropolitan Museum of Art, CC0, via Wikimedia Commons:

Este principio es representado por la pluma de Maat, que se utilizaba en la antigua ceremonia egipcia del pesaje del corazón. En esta ceremonia, el peso de los corazones de los muertos se comparaba con el de la pluma, simbolizando la importancia de la verdad en la otra vida. Quienes habían vivido sus vidas con integridad y habían sido sinceros consigo mismos y con los demás tenían corazones ligeros que se equilibraban fácilmente con la pluma. Quienes habían llevado una vida llena de engaños y mentiras, en cambio, tenían un corazón pesado que inclinaba la balanza.

2. Justicia

El segundo principio de Maat es la justicia. Según las creencias del antiguo Egipto, este principio hace hincapié en la importancia de la justicia en todos los aspectos de la vida. Se cree que todo el mundo debe recibir un trato equitativo y nadie uno preferente. Este principio anima a defender lo que es correcto, incluso cuando es difícil, y a luchar siempre por un mundo justo y equitativo.

Este principio es representado por el bisturí de Maat, que se utilizaba en la antigua ceremonia egipcia de apertura de la boca. En esta ceremonia, se abría la boca del difunto para que pudiera hablar en la otra vida. El bisturí simbolizaba la necesidad de justicia para equilibrar el universo. Quienes habían luchado por la justicia en su vida tenían la boca abierta en la otra vida. A quienes habían oprimido a otros, en cambio, se les cerraba la boca.

3. Equilibrio

El tercer principio de Maat es el equilibrio. Según las creencias del antiguo Egipto, este principio subraya la importancia de mantener el equilibrio en todos los aspectos de la vida. Se cree que todo existe en un estado de equilibrio que debe respetarse. Este principio anima a crear armonía y a evitar comportamientos excesivos que conduzcan al desequilibrio.

Este principio está representado por la balanza de Maat, utilizada en la antigua ceremonia egipcia del pesaje del corazón. En esta ceremonia, el peso de los corazones de los muertos se comparaba con el de una pluma para simbolizar la necesidad de equilibrio en la otra vida. Se creía que quienes habían vivido en armonía consigo mismos y con la comunidad tenían corazones ligeros que se equilibraban fácilmente con la pluma. Quienes habían llevado una vida de caos y desorden, en cambio, tenían un corazón pesado que inclinaba la balanza hacia su lado.

4. Orden

El cuarto principio de Maat es el orden. En las creencias del antiguo Egipto, el cuarto principio de Maat subraya la importancia de la organización en todos los aspectos de la vida. Se cree que una vida ordenada conduce a un universo ordenado. Este principio anima a mantener la vida en orden para crear un mundo lo más armonioso posible.

Este principio es representado por el cetro de Maat, que se utilizaba en la antigua ceremonia egipcia del pesaje del corazón. En esta ceremonia, los corazones de los muertos se ponían en una balanza contra una pluma para simbolizar la necesidad de equilibrio en la otra vida. Se creía que quienes habían llevado una vida ordenada tenían un corazón ligero que se equilibraba fácilmente con la pluma. Quienes habían llevado una vida caótica y desordenada, en cambio, tenían un corazón pesado que inclinaba la balanza hacia su lado.

5. Armonía

El quinto principio de Maat es la armonía. Según las creencias del antiguo Egipto, este principio subraya la importancia de vivir en armonía consigo mismo, con los demás y con el entorno. Se cree que las relaciones armoniosas conducen a un universo ordenado. Este principio, representado por la pluma de avestruz de Maat, anima a construir relaciones basadas en el respeto y la comprensión para crear un mundo lo más equilibrado posible.

A nivel personal, este principio se refiere a la necesidad de equilibrar la vida y no apegarse a las posesiones materiales. Esto incluye mantener un estilo de vida saludable, pasar tiempo con los seres queridos y retribuir a la comunidad. A mayor escala, la armonía se refiere a la necesidad de mantener el equilibrio en el mundo. Esto incluye respetar el entorno natural, trabajar por la justicia social y promover la paz. Viviendo en armonía consigo mismo y con el mundo circundante, se contribuye a crear un mundo más justo y pacífico.

6. Moral

El sexto principio de Maat es la moralidad. En las creencias del antiguo Egipto, este principio enfatiza en la importancia de llevar una vida moral. Anima a comportarse moralmente para crear un mundo más justo en la actualidad y para las generaciones futuras. Este principio se refleja en el famoso dicho «haz a los demás lo que quieras que te hagan a ti». En otras palabras, se debe tratar a los demás con compasión y respeto, tal y como se querría ser tratado. Este principio también incluye la idea de evitar causar daño a los demás y mantener un mundo equilibrado y pacífico.

Este principio está representado por el *ankh* de Maat, que simboliza la vida y la resurrección. En el antiguo Egipto, el *ankh* se utilizaba a menudo como símbolo de poder y autoridad. También era un símbolo de esperanza y renovación, ya que representa el ciclo de la vida. Este principio recuerda que los actos tienen consecuencias, tanto para uno mismo como para los demás. Hay que esforzarse siempre por comportarse de forma moralmente correcta para crear un mundo mejor para todos.

7. Respeto

El séptimo y último principio de Maat es el respeto. Esto incluye respetarse a uno mismo, a los demás y al mundo natural. También incluye vivir en armonía con el orden divino del universo. En el antiguo Egipto, este principio estaba estrechamente relacionado con el estatus social y la reputación. Quienes se comportaban correctamente eran considerados dignos de respeto, mientras que quienes no lo hacían eran vistos con recelo y desdén. Este principio sigue vigente hoy en día. En un mundo en el que los actos suelen ser vistos y juzgados por los demás, el comportamiento de cada uno tiene un impacto duradero en su reputación. Comportándose correctamente, se puede demostrar que se es respetuoso y digno de confianza.

Este último principio es una llamada a la acción. Pide considerar cuidadosamente las palabras y acciones y esforzarse siempre por tener un comportamiento respetuoso y adecuado. Muchos de los principios de Maat están interconectados, y este principio final recuerda que las acciones tienen impacto en quien las ejerce, en los demás y en el mundo alrededor. Hay que esforzarse siempre por tener un comportamiento moral y justo para crear un mundo más pacífico y armonioso.

Ejercicio

Aunque los principios de Maat parecen sencillos, constituyen la base para vivir una vida moral y justa. ¿Cuál cree que es el principio más importante de Maat? ¿Por qué? ¿Qué significa para usted? ¿Cómo puede aplicarlo a su vida?

Para ayudarle a reflexionar sobre estas cuestiones, considere la siguiente situación:

Está en una fiesta con amigos y ve a alguien al otro lado de la sala que parece incómodo. Se da cuenta de que esa persona no está bebiendo y parece estar buscando la manera de irse. ¿Qué debe hacer?

Si ve a alguien en una fiesta que está solo y parece incómodo, lo mejor que puede hacer es ir a hablar con él. Preséntese e intente hacerlo sentir cómodo. Ofrézcase a traerle algo de beber o de comer, y ayúdele a encontrar la manera de disfrutar de la fiesta. Los principios de Maat animan a comportarse siempre de forma respetuosa y compasiva. Al hablar con la persona y buscar que se sienta más cómoda, está siguiendo el principio del decoro y contribuyendo a crear un mundo más armonioso.

Siempre que se encuentres en una situación en la que no esté seguro de qué es lo mejor que puede hacer, hágase las siguientes preguntas:

- ¿Cuál es el impacto de mis acciones en mí mismo, en los demás y en el mundo que me rodea?

- ¿Cómo puedo vivir en armonía conmigo mismo y con el mundo que me rodea?

- ¿Qué significa comportarse moralmente?

- ¿Cuál es el mejor modo de respetar a los demás?

Hacerse estas preguntas le ayudará a tomar la mejor decisión posible en cualquier situación.

Relación entre los diez mandamientos y los principios de Maat

Existen muchas similitudes entre los diez mandamientos y los principios de Maat. Ambos sistemas éticos hacen hincapié en la importancia de la verdad, la justicia y la integridad personal. Además, ambos subrayan la importancia de tratar a los demás con respeto y compasión. Sin embargo, también existen algunas diferencias clave entre los dos sistemas. Por ejemplo, mientras que los diez mandamientos se centran en prevenir el daño a los demás, los principios de Maat enfatizan en la necesidad de ayudar activamente. Además, mientras que los diez mandamientos se ocupan principalmente de asuntos terrenales, los principios de Maat también abarcan principios espirituales. Aunque ambos sistemas éticos son muy similares en muchos aspectos, tienen algunas diferencias clave.

Los principios de Maat proporcionan un sistema ético integral para guiar el comportamiento tanto en la vida personal como en la profesional. Algunos de los beneficios clave de este sistema incluyen la verdad, la justicia y la integridad personal. Además, los principios de Maat animan a tratar a los demás con respeto y compasión. Siguiendo estos principios, se crea un mundo más pacífico y armonioso para la actualidad y para las generaciones futuras.

Cómo ayudan las leyes de Maat en el paso a la otra vida

Las leyes de Maat están estrechamente relacionadas con las confesiones negativas, una serie de 42 afirmaciones que recitaban los muertos durante su viaje por el inframundo. Las confesiones negativas eran una especie de brújula moral para los muertos y a partir de ellas los dioses determinaban si el difunto había llevado una buena vida o no. Los asesores, que eran un grupo de 42 dioses, se encargaban de juzgar a los muertos. Cada dios representaba una de las 42 leyes de Maat, y determinaban si el difunto había seguido o no esa ley en particular. Si el difunto cumplía las 42 leyes, se le permitía entrar en la otra vida. En cambio, si violaba alguna de las leyes, era enviado al inframundo, donde sería castigado por sus crímenes.

Las 42 leyes de Maat son un código moral que ayuda a vivir bien. Estas leyes fomentan la honestidad, la compasión, la justicia y el equilibrio. Si se siguen, estas leyes evitan cometer crímenes e invitan a vivir en armonía con los demás. Las leyes de Maat también ayudan a alcanzar el equilibrio.

Las 42 Leyes de Maat se dividen en siete categorías, que son:

1.Maat, verdad, justicia y equilibrio.

2.Familia, matrimonio e hijos.

3.Comunidad y patria.

4.Trabajo y negocios.

5.Riqueza y propiedad.

6.Salud y bienestar.

7.Espiritualidad y religión.

Cada una de estas categorías contiene seis leyes, lo que lleva a un total de 42. Es importante seguir todas las leyes de cada categoría para lograr el equilibrio en la vida. Las leyes guían una buena vida y evitan cometer delitos. Además, fomentan el equilibrio en la propia vida.

Las 42 leyes de Maat

Las 42 leyes de Maat son antiguas directrices egipcias para llevar una vida buena y virtuosa. Abarcan una amplia gama de temas, desde la honradez y la justicia hasta el respeto a los mayores y al medio ambiente.

Aunque algunas de las leyes pueden parecer anticuadas, muchas de ellas siguen siendo relevantes hoy en día. Por ejemplo, la ley que establece que no se debe tomar lo ajeno es tan relevante hoy como lo era hace miles de años. Del mismo modo, la que exige tratar a los demás con respeto es tan importante hoy como lo era en la antigüedad. Siguiendo las 42 leyes de Maat, se vive la vida según los valores de una cultura antigua y sabia. He aquí las 42 leyes de Maat:

1. No pecar.
2. No robar.
3. No matar.
4. No mentir.
5. No engañar.
6. No levantar falso testimonio contra otros.
7. No robar comida.
8. No cometer adulterio.
9. No codiciar a la pareja de alguien más.
10. No ser desobediente.
11. No ser rebelde.
12. No ser deshonesto.
13. No ser falso.
14. No ser vulgar.
15. No ser impúdico.
16. No ser perezoso.
17. No hacer daño a las otras personas.
18. No quitar la comida a los niños.
19. No quitar a nadie su ración de comida.
20. No robar pan.
21. No ser avaro.
22. No robar agua.
23. No malgastar ni destruir lo que se recibe.
24. No hablar mal de otros.
25. No levantar la voz con ira.
26. No usar lenguaje abusivo.

27. No maldecir.

28. No ser arrogante.

29. No hablar con engaño o falsedad.

30. No calumniar.

31. No enfadarse sin justa causa.

32. No vengarse.

33. No infringir castigo a otros sin justa causa.

34. No planear ni desear el mal a nadie.

35. No insultar o humillar a otros.

36. No comportarse con violencia u odio.

37. No asesinar ni desear la muerte a nadie.

38. No oprimir ni perseguir a nadie.

39. No robar ni engañar a nadie.

40. No forzar a nadie a mantener relaciones sexuales.

41. No participar ni beneficiarse de la esclavitud de nadie.

42. No saquear ni abrir tumbas ajenas.

Las 42 leyes de Maat siguen siendo relevantes hoy en día, ya que proporcionan una brújula moral para tomar buenas decisiones en la vida. Siguiendo estas leyes, se vive según los valores de una cultura antigua y sabia.

El significado del número 42

El número 42 es significativo en muchas culturas, como la egipcia, la griega y la maya. En la mitología egipcia, los dioses representados por las 42 leyes de Maat eran los responsables de juzgar a los muertos. En la mitología griega, el número 42 se asociaba a la historia de Edipo, que mató a su padre y se casó con su madre. En la mitología maya, los dioses crearon el mundo en 42 días.

El número 42 también tiene un papel importante en las matemáticas y la ciencia. En matemáticas, es un número perfecto, lo que significa que es igual a la suma de sus divisores. El número 42 también es único, ya que es el único número que es el producto de dos números primos consecutivos. En la ciencia, es el número atómico del molibdeno, un elemento químico que se utiliza en diversas aplicaciones, como la producción de acero.

En el papiro de Nebseni, escrito alrededor del año 1350 a. C., hay una lista de 42 confesiones negativas que los muertos deben recitar para entrar en la otra vida. Estas confesiones son muy similares a las 42 leyes de Maat y sirven como recordatorio de la importancia de vivir una buena vida.

El papiro de Ani es un antiguo texto funerario egipcio que fue escrito alrededor del año 1240 a. C. En él hay una frase que dice: «El cielo está en conocer a Maat». La palabra «Maat» hace referencia a la verdad, la justicia y el equilibrio. También es el nombre de la diosa que personifica estos conceptos.

El número 42 se asocia a menudo con esta afirmación, ya que es el número de jeroglíficos que componen la palabra «Maat». Independientemente de su significado, la afirmación «El cielo está en conocer a Maat» es un poderoso recordatorio de vivir una vida basada en la verdad, la justicia y el equilibrio.

Las leyes y los principios rigen nuestras vidas, nos demos cuenta o no. Hay leyes básicas que garantizan la seguridad pública y también hay principios morales que guían nuestro comportamiento. Las 42 leyes de Maat son un antiguo código de conducta egipcio para vivir la vida según los valores de una cultura sabia y antigua. Siguiendo estas leyes, se vive según los principios de la verdad, la justicia y el equilibrio.

Capítulo 4: Deidades sagradas y cómo honrarlas

El *kemetismo* es una antigua religión egipcia que se practica desde hace más de 5.000 años. Es una politeísta, reconoce la existencia de muchos dioses y diosas. Maat es un concepto central del *kemetismo* y a menudo se describe como el principio de la verdad, el equilibrio, el orden, la armonía, la ley y la justicia. *Maat* está representado por la diosa Maat, responsable de garantizar el equilibrio del universo.

El concepto de *Maat* está estrechamente vinculado a los dioses y diosas del *kemetismo*, ya que son los responsables de mantener el equilibrio en el universo. Este capítulo trata de las tres deidades principales del *kemetismo*: Osiris, Isis y Horus. También explora el papel de *Maat* en el *kemetismo* y cómo los dioses y diosas están conectados con él. Por último, damos consejos sobre cómo conectar con las deidades y qué ofrendas prefieren.

El concepto de las deidades en el *kemetismo*

El *kemetismo* es una religión politeísta que reconoce la existencia de muchos dioses y diosas. El número de deidades veneradas varía en función de la tradición o corriente concreta. Sin embargo, algunas deidades son adoradas por la mayoría de los *kemetistas*. El *kemetismo* no impone el culto a ninguna deidad específica. En su lugar, es el individuo quien elige la deidad que desea en función de sus propias preferencias y creencias.

Los dioses y diosas del *kemetismo* pueden dividirse en dos categorías principales: *netjeru* (dioses) y *netjetru* (diosas). Los *netjeru* suelen asociarse con el poder, mientras que los *netjetru* están relacionados con el amor y la fertilidad. Los *netjeru* suelen representarse como animales, mientras que los *netjetru* suelen ser humanos. Sin embargo, no siempre es así. Por ejemplo, a veces se representa a Isis como un pájaro o un gato, mientras que a Horus se le representa como un ser humano. Echemos un vistazo más de cerca a los *Netjeru* y los *Netjetru*.

Netjeru

Los *netjeru* son los dioses del *kemetismo*. Se les suele asociar con el poder, la fuerza y la virilidad. A menudo se considera que los *netjeru* son los protectores del *kemetismo* y sus seguidores. El término *netjeru* proviene de la palabra del antiguo Egipto *ntr*, que significa dios. La palabra *ntr* también puede traducirse como rey, gobernante o señor. Algunos de los *netjeru* más populares son:

- **Osiris:** Dios de la muerte y del inframundo.
- **Horus:** Dios del cielo, el sol y la guerra.
- **Anubis:** Dios de la muerte y del inframundo.
- **Ptah:** Dios de los constructores y artesanos.

Netjetru

Las *netjetru* son las diosas del *kemetismo*. Se las suele asociar con el amor, la fertilidad y la maternidad. A menudo se considera que las *netjetru* son las cuidadoras del *kemetismo* y sus seguidores. El término *netjetru* procede del egipcio antiguo *ntrt*, que significa diosa. La palabra *ntrt* también puede traducirse como señora, reina o gobernante. Algunas de las *netjetru* más populares son:

- **Isis:** Diosa de la fertilidad, la maternidad y la magia.
- **Bast:** Diosa de los gatos, la protección y la fertilidad.
- **Hathor:** Diosa del amor, la belleza y la música.
- **Sekhmet:** Diosa de la guerra y la destrucción.

Osiris

Osiris, dios de la muerte y el inframundo
Autor desconocido, CC0, via Wikimedia Commons:

En el *kemetismo*, Osiris es el dios del inframundo y de los muertos. Se le suele representar como un hombre de piel verde con una corona faraónica. A menudo aparece sosteniendo un bastón o cetro. Osiris es el esposo de Isis y el padre de Horus. También es hermano de Set. Es también el dios de la fertilidad y la agricultura. La piel verde con la que a menudo se le representa simboliza la nueva vida y el crecimiento. Se dice que Osiris creó el río Nilo, esencial para la fertilidad del antiguo Egipto.

Culto

Osiris era muy popular en el antiguo Egipto. Su culto comenzó en el periodo predinástico y continuó hasta la época romana. Su templo de Abydos era uno de los más importantes del antiguo Egipto. Era un lugar de peregrinación para los egipcios que querían honrar a sus antepasados muertos. Osiris era adorado como parte de una tríada con Isis y Horus. Sin embargo, también se le rendía culto en solitario. Su culto se extendió a otras partes del mundo, como Grecia y Roma.

Símbolos y correspondencias

- **Color:** Verde
- **Planeta:** Mercurio
- **Elemento:** Tierra
- **Día de la semana:** Miércoles
- **Número:** 4
- **Animal:** Toro
- **Planta:** Maíz

Rol en el *kemetismo*

Osiris es el señor del inframundo y juez de los muertos en la mitología del antiguo Egipto. Fue asesinado por su hermano Set, que desmembró su cuerpo y esparció los trozos por todo Egipto. Isis, la esposa de Osiris, encontró los trozos y los volvió a unir. Con la ayuda de Anubis, embalsamaron el cuerpo de Osiris y lo devolvieron a la vida. Osiris se convirtió entonces en el dios del inframundo y de los muertos. A menudo se le representa como protector de los difuntos y juez de los muertos. En algunos mitos, se dice que ofrece guía y sabiduría a los muertos en su viaje al más allá.

Consejos para conectar con Osiris

- **Visitar su templo en Abydos:** Este es uno de los templos más importantes dedicados a Osiris. Es un lugar de peregrinación para muchos *kemetistas.*

- **Hacer ofrendas:** Se pueden hacer ofrendas a Osiris el día de su fiesta, que se celebra el cuarto día del mes de *choiak*. Las ofrendas pueden incluir comida, flores e inciensos.

- **Rezar:** Puede rezar a Osiris para recibir guía, protección y sabiduría.

- **Meditar:** Puede meditar en los mitos y leyendas de Osiris para aprender más sobre él.

- **Hacer un altar:** Puede crear un altar para Osiris en su casa. Puede ser tan simple o tan elaborado como usted quiera.

- **Escribir un himno:** Puede escribir un himno o un poema en honor a Osiris.

- **Dibujar o pintar:** Puede dibujar o pintar a Osiris. Es una forma de conectar con su lado creativo.

- **Bailar:** Puede bailar en honor a Osiris. Es una forma de conectar con su energía y su poder.

- **Cantar:** Puede cantar en honor a Osiris. Es una forma de conectar con su lado creativo.

- **Tocar música:** Dado que es el dios de la música, puede tocar música en honor a Osiris. Es una forma de conectar con su lado creativo.

Independientemente del método que elija para conectar con Osiris, lo más importante es que sea sincero en su deseo de conectar con él. Es más probable que los dioses respondan a quienes son sinceros en su adoración.

Isis

Isis, diosa de la fertilidad, la maternidad y la magia

Isis es la diosa de la fertilidad, la maternidad y la magia en el *kemetismo*. Se suele representar como una mujer de piel negra y pelo largo. A menudo tiene un tocado en forma de trono. Es la esposa de Osiris y la madre de Horus. También es diosa de la curación y la protección.

Adoración

Isis era muy popular en el antiguo Egipto. Su culto comenzó en el periodo predinástico y continuó hasta la época romana. Su templo de Filae era uno de los más importantes del antiguo Egipto. Era un lugar de peregrinación para los egipcios que querían honrar a sus antepasados muertos. Isis era venerada en tríada con Osiris y Horus. Sin embargo, también se la veneraba en solitario. Su culto se extendió a otras partes del mundo, como Grecia y Roma.

Símbolos y correspondencias

- **Color:** Verde
- **Planeta:** Venus
- **Elemento:** Agua
- **Día de la semana:** Viernes
- **Número:** 7
- **Animal:** Vaca
- **Planta:** Loto

Rol en el *kemetismo*

Isis es la diosa de la fertilidad, la maternidad y la magia en el kemetismo. Es la esposa de Osiris y la madre de Horus. También es diosa de la curación y la protección. En algunos mitos, resucitó a su marido, Osiris, después de que Set lo matara. A menudo se representa como una mujer de piel negra y pelo largo. Suele aparecer con un tocado en forma de trono.

Consejos para conectar con Isis

- **Visitar su templo en Philae:** Este es uno de los templos más importantes dedicados a Isis. Era un sitio de peregrinación para los egipcios que querían honrar a sus ancestros muertos.

- **Hacer ofrendas:** Se pueden hacer ofrendas a Isis el día de su fiesta, que se celebra el quinto día del mes de *choiak*. Las ofrendas pueden incluir comida, flores e incienso.

- **Rezar:** Puede rezar a Isis pidiéndole guía, protección y sabiduría.

- **Meditar:** La meditación sirve para conectar con Isis a un nivel más profundo. Medite sobre su imagen o a orillas del río Nilo.

- **Leer sobre ella:** Lea sobre Isis en libros de mitología e historia. Esto le ayudará a comprenderla mejor.

- **Escribir sobre ella:** Escribir sobre Isis es una forma de conectar con ella en un nivel personal. Escriba sobre sus experiencias, sus plegarias y sus ofrendas.

- **Hacer arte:** Crear arte sobre Isis es una forma de conectar con ella. Dibuje, pinte o esculpa su imagen.

- **Usar sus símbolos:** Usar los símbolos de Isis le ayudará a sentirla más cerca. Los símbolos más comunes incluyen el *ankh*, el ojo de Horus y la flor de loto.

- **Hacer música:** Hacer música dedicada a Isis es una forma de conectar con ella. Puede cantar, tocar instrumentos o escuchar música sobre ella.

- **Bailar:** Bailar es una forma de conectar con Isis a nivel físico. Baile en su honor y al ritmo de su música.

Con estos consejos, puede conectar con Isis y desarrollar una relación con esta diosa. Lo más importante es que sus acciones sean respetuosas y sinceras. Demuéstrele a Isis que se dedica y que quiere aprender más sobre ella. A medida que lo haga, ella comenzará a revelarse ante usted. Isis es una diosa que da la bienvenida a todos los que la buscan. Es una diosa amorosa y compasiva que lo guiará en su viaje. Hónrela y ella lo honrará.

Horus

Horus, dios del cielo, la guerra y la caza

Jeff Dahl, CC BY SA 4.0 <https://creativecommons.org/licenses/by-sa/4.0>, via Wikimedia Commons: https://commons.wikimedia.org/wiki/File:Horus_standing.svg

Horus es el dios del cielo, la guerra y la caza en el *kemetismo*. Se le suele representar como un hombre con cabeza de halcón. Horus era hijo de Isis y Osiris. También era hermano de Set y Neftis. En algunos mitos, Horus luchó contra Set para vengar la muerte de su padre. En otros mitos, era el juez de los muertos en el inframundo. Horus suele aparecer como un hombre con cabeza de halcón o como un halcón. A veces también se le representa como un león o un toro.

Adoración

Horus era venerado en todo el antiguo Egipto. Su centro de culto estaba en Edfu, donde hay un templo dedicado a él que es uno de los mejor conservados de Egipto. Horus también era venerado en Nekhen, donde se le representaba como un hombre con cabeza de halcón. También se le veneraba en Buto y Dendara. En la época romana, Horus fue sincretizado con el dios Apolo. La forma griega de su nombre es Horos.

Símbolos y correspondencias

- Color: Rojo
- Planeta: Marte
- Elemento: Fuego
- Día de la semana: Martes
- Número: 4
- Animal: Halcón
- Planta: Trigo

Rol en el *kemetismo*

Horus era uno de los dioses más importantes de la antigua religión egipcia. A menudo se le representaba como un halcón o como un hombre con cabeza de halcón. Horus era el dios del cielo y también se le asociaba con el sol, la luna y las estrellas. A menudo se le consideraba el protector de Egipto y se le veneraba como dios protector de la realeza y la victoria. Los antiguos egipcios creían que Horus les ayudaría a derrotar a sus enemigos y a alcanzar el éxito en sus empresas. En muchos sentidos, Horus era un símbolo de esperanza y fuerza para el pueblo egipcio.

Consejos para conectar con Horus

- **Hacer ofrendas:** Se pueden hacer ofrendas a Horus el día de su fiesta, que se celebra el primer día del mes de *thoth*. Las ofrendas pueden incluir comida, bebida e incienso.

- **Rezar:** Puede rezar a Horus para pedirle guía, protección y fuerza.

- **Meditar:** Meditar en la imagen de Horus ayuda a sentirse más cerca de él y a comprender mejor sus energías.

- **Leer sobre él:** Leer sobre la deidad con la que quiere conectar es una buena forma de aprender sobre ella. Puede leer mitos, leyendas o historias sobre la religión y la historia egipcia y aprender más sobre Horus.

- **Visitar un templo:** Si tiene la suerte de vivir cerca de un templo egipcio o de uno que rinda culto a Horus, puede visitarlo y participar en los rituales y ofrendas que allí se realizan. Es una forma estupenda de conectar con la energía de la deidad.

- **Hacer arte:** Puede crear arte en honor a Horus. Puede ser cualquier cosa, desde pintura y escultura hasta música y danza.

Siguiendo estos consejos, puede desarrollar una relación con Horus. Independientemente de cómo elija conectar con él, recuerde que es una deidad poderosa y benévola que puede ofrecerle guía y fuerza.

Bast

Bast, diosa de los gatos, la protección, la fertilidad y el hogar

Bast es la diosa de los gatos, la protección, la fertilidad y el hogar en el *kemetismo*. Se suele representar como una mujer con cabeza de gato o leona. Bast era hija de Ra e Isis. También era hermana de Horus y Set. En algunos mitos, Bast protegió a Ra de la serpiente Apep. En otros, era la diosa del hogar. A veces también se representa como una vaca o una serpiente.

Adoración

Bast era venerada en todo el antiguo Egipto. Su centro de culto estaba en Bubastis, donde su templo era uno de los más grandes y elaborados. También se le rendía culto en Sekhmet, donde se la representaba como una leona. En la época romana, Bast fue sincretizada con la diosa Diana.

Símbolos y correspondencias

- Color: Rojo
- Planeta: Marte
- Elemento: Fuego
- Día de la semana: Martes
- Número: 9
- Animal: Gato
- Planta: Trigo

Rol en el *kemetismo*

En el *kemetismo*, Bast es la diosa de los gatos, la fertilidad, la danza y la música. También se la conoce como la Dama de oriente y se la asocia con el dios del sol, Ra. Como diosa de los felinos, Bast se representa como una gata negra o una leona. A veces se representa también como una mujer con cabeza de gato o como un gato con cabeza de mujer. En su papel de diosa de la fertilidad, es responsable de proporcionar alimento y vestidos al pueblo egipcio.

También se creía que protegía a las mujeres durante el parto y las ayudaba en su viaje al más allá. Como diosa de la danza y la música, Bast proporcionaba alegría y placer a quienes la veneraban. Además de sus muchas funciones, era considerada protectora del hogar y la familia. En el *kemetismo* se la honra por sus numerosas cualidades y su capacidad para traer felicidad y abundancia a quienes la veneran.

Consejos para conectar con Bast

- **Hacer ofrendas:** Se pueden hacer ofrendas a Bast en su fiesta, que se celebra el quinto día del mes de *hathor*. Las ofrendas pueden incluir comida, bebida e incienso.

- **Rezar:** Se puede rezar a Bast para pedirle guía, protección, fertilidad y abundancia.

- **Hacer arte:** Dibuje, pinte o esculpa imágenes de Bast. Cree altares o santuarios dedicados a ella.

- **Bailar:** La danza es una forma de oración y puede utilizarse para elevar la energía y conectar con la diosa.

- **Escribir:** Escriba cuentos, poemas o canciones sobre Bast.

- **Meditar:** Bast es una diosa solar y puede meditar en su imagen para conectar con su energía.

- **Celebrar:** Celebre la fiesta de Bast con una pequeña ceremonia en su honor. Puede encender velas, rezar oraciones y hacer ofrendas

Bast es una diosa feroz y poderosa que ofrece a sus devotos guía, protección y abundancia. Si busca una conexión con Bast, estos consejos pueden ayudarle a empezar.

Hathor

Hathor, diosa del amor, la fertilidad, la música y la danza
https://commons.wikimedia.org/wiki/File:Hathor-Meyers.png

Hathor es la diosa del amor, la belleza, la fertilidad, la música y la danza en el *kemetismo*. Se la suele representar como una mujer con cabeza de vaca o como una vaca. Hathor era hija de Ra e Isis. También era hermana de Horus y Set. En algunos mitos, Hathor es la madre de Horus. En otros, es la amante de Set. Hathor está asociada con el planeta Venus.

Adoración

Hathor era venerada en todo el antiguo Egipto. Sus centros de culto estaban en Dendera y Filae. También se rendía culto a Hathor en Sekhmet, donde se la representaba como una leona. En la época romana, era la diosa del amor y el placer y su culto era popular entre hombres y mujeres. El culto a Hathor era especialmente importante en la ciudad de Dendera, donde su templo era uno de los más grandes y magníficos de todo Egipto. Hoy en día, Hathor sigue siendo venerada por mucha gente y su imagen puede verse en obras de arte, joyas y estatuas de todo el mundo.

Símbolos y correspondencias

- **Color:** Verde
- **Planeta:** Venus
- **Elemento:** Tierra
- **Día de la semana:** Viernes
- **Número:** 7
- **Animal:** Vaca
- **Planta:** Loto

Rol en el *kemetismo*

Hathor era una diosa importante en la religión del antiguo Egipto y desempeñaba un papel fundamental en el kemetismo, las creencias y prácticas religiosas del pueblo kemetista. Se la solía representar como una vaca o una mujer con cabeza de vaca y se asociaba con la fertilidad, la maternidad, el amor, la música y la danza.

Hathor estaba asociada con Ra, el dios del sol, y a veces se decía que era su hija. También se la relacionaba con la diosa Isis y se decía que era su hermana. Hathor era venerada en todo Egipto, y su centro de culto estaba en Dendera. Los kemetistas honran a Hathor a través de la música, la danza y otras actividades creativas.

Consejos para conectar con Hathor

- **Hacer ofrendas:** Se pueden hacer ofrendas a Hathor en su fiesta, que se celebra el día 15 del mes de *hathor*. Las ofrendas pueden incluir flores, incienso y leche.

- **Escribir un himno:** Se puede escribir un himno a Hathor y recitarlo como parte de las oraciones diarias.

- **Hacer arte:** Dibujar o pintar imágenes de Hathor es una forma de práctica devocional.

- **Bailar:** Hathor está asociada con la música y la danza, por lo que incorporar estas actividades a sus prácticas devocionales es una forma de conectar con ella.

- **Llevar sus símbolos:** Llevar joyas o amuletos que representen los símbolos de Hathor ayuda a sentirse más cerca de ella.

Hathor es una diosa a la que se puede honrar de muchas maneras. Si quiere conectar con ella, considere hacer ofrendas, escribir un himno, crear arte, bailar o llevar sus símbolos. Al incorporar estas actividades a sus prácticas devocionales, crea una fuerte conexión con Hathor.

Una de las grandes ventajas del *kemetismo* es que no impone el culto a ninguna deidad específica. Esto significa que puede centrar su culto en la deidad con la que se sienta más conectado. Tanto si prefiere al radiante dios del sol, Ra; a la poderosa leona, Bast; o al sabio protector, Thoth; hay un lugar para usted en el panteón *kemetista*. Y como el *kemetismo* no es dogmático, usted es libre de cambiar de enfoque a medida que evolucionan sus necesidades espirituales. Como resultado, proporciona un enfoque flexible e inclusivo de la espiritualidad que se adapta para satisfacer sus necesidades cambiantes.

Las deidades sagradas del antiguo Egipto eran, y siguen siendo, muy importantes para quienes las honraban. Proporcionan una conexión con lo divino y ofrecen guía y protección. Si quiere conectar con las deidades sagradas del antiguo Egipto, puede hacerlo mediante ofrendas, escribiendo himnos, creando obras de arte, bailando o llevando sus símbolos. Si incorpora estas actividades a sus prácticas devocionales, podrá conectar fuertemente con las deidades sagradas del antiguo Egipto.

Capítulo 5: Honrar a *Akhu,* nuestros ancestros

La veneración de los ancestros es una parte importante de la espiritualidad del antiguo Egipto y de muchas otras tradiciones espirituales africanas. El término «*Akhu*» se refiere a los antepasados del antiguo Egipto, a quienes se honra por su conexión con los dioses, su sabiduría, fuerza, protección, amor, compasión, inspiración, esperanza, alegría, orgullo, identidad cultural e identidad espiritual. Hay muchas formas de honrar a los *akhu,* algunos de los métodos más populares incluyen ofrecerles comida y bebida, encender velas o inciensos para ellos y escribir sus nombres en libros espirituales. Este capítulo explora el concepto de *akhu,* por qué estas entidades son importantes y cómo hacerles ofrendas.

Akhu - Los ancestros del antiguo Egipto

Los *akhu* eran los ancestros del antiguo Egipto y se creía que vivían en la Duat, el inframundo. Los *akhu* se representaban a menudo como pájaros o halcones, y su nombre significa «los que son de la luz». Según la creencia egipcia, los *akhu* eran los responsables de guiar al dios del sol, Ra, a través de la Duat cada noche, y también ayudaban a Osiris, el dios de los muertos, a juzgar las almas de los difuntos.

Los *akhu* también estaban asociados con Horus, el dios de la realeza, y se decía que eran sus ojos. En muchos sentidos, los *akhu* representaban todo lo bueno y puro de la sociedad egipcia y eran muy venerados por el pueblo. Con un papel tan importante en la cultura egipcia, no es de extrañar que se pensara que los *akhu* eran seres poderosos que podían interceder por los humanos en la otra vida.

A menudo se invocaba a los *akhu* en conjuros y oraciones y se les hacían ofrendas con la esperanza de que favorecieran a los vivos. También se creía que podían proteger de las fuerzas malignas y para ello se llevaban amuletos con sus imágenes.

¿Por qué son importantes los *akhu*?

Los *akhu* fueron importantes por muchas razones y desempeñaron un papel vital en la espiritualidad del antiguo Egipto. He aquí algunas de las razones más importantes por las que eran parte fundamental de la creencia *kemetista*:

Vínculo con las deidades

Según la antigua creencia egipcia, los *akhu* eran los espíritus de los difuntos que habían pasado al más allá. También se les conocía como los «resplandecientes» o los «muertos benditos». Se creía que moraban en la Duat, el reino de los muertos, y tenían el poder de intervenir en los asuntos de los vivos. Se les podía invocar en busca de ayuda y guía, y a menudo se les representaba como pájaros o animales.

También se creía que los *akhu* eran el vínculo de los vivos con los dioses. Podían llevar plegarias y peticiones a las deidades e interceder por los vivos. De este modo, se constituían como protectores y aliados. Hoy en día, se sigue venerando a los *akhu* como compañeros de la vida y de la muerte. Se cree que siempre están presentes, velando por los vivos y guiándolos en su viaje por este mundo.

Los *akhu* como fuente de guía y sabiduría

Los *akhu* son los espíritus de los muertos que no han podido pasar a la otra vida. Como se cree que saben de los vivos y de los muertos, a menudo se los consulta por su sabiduría y orientación. Los *akhu* desempeñan un papel importante en muchas culturas, pues proporcionan consuelo y apoyo en los duelos y guían a los vivos en los momentos difíciles.

En algunas tradiciones, los *akhu* también se consideran protectores, y se dice que vigilan desde el otro lado. Se crea o no en ellos, es innegable que ofrecen una perspectiva única de la vida y la muerte. Y para quienes están en duelo, proporcionan el consuelo y el apoyo necesarios.

Los *akhu* como fuente de fuerza y protección

Los *akhu* son los espíritus de los ancestros que han pasado a la otra vida. Son una fuente de fuerza y protección y se les puede invocar en caso de necesidad. También protegen a los vivos y se les puede invocar para ahuyentar a las fuerzas del mal. En algunas culturas, también se consideran sanadores y se dice que pueden curar a los enfermos. Se crea o no en ellos, es innegable que los *akhu* son una fuerza poderosa en el reino espiritual. Y para quienes buscan fuerza y protección, son valiosos aliados.

Los *akhu* como fuente de amor y compasión

Los *akhu*, o «almas» en egipcio antiguo, se asocian a menudo con el amor y la compasión. Se considera que son la fuente de estas emociones y de otras cualidades positivas como la lealtad y la fidelidad. Esta conexión se debe a que los *akhu* se consideran seres inmortales y eternos. Como tal, se cree que tienen un profundo conocimiento del amor y la compasión.

Los *akhu* ayudan a las personas a encontrar la luz
https://unsplash.com/photos/5B8Pw-
t9_Wo?utm_source=unsplash&utm_medium=referral&utm_content=creditShareLink

Además, se cree que los *akhu* ayudan a superar los retos de la vida y a encontrar el camino de vuelta a la luz. Por esta razón, muchas personas acuden a ellos en busca de guía y apoyo en los momentos difíciles. Aunque los *akhu* se asocian a menudo con el amor y la compasión, también son una poderosa fuerza del bien. Al acudir a ellos en busca de guía, se aprovecha su poder para superar los retos y traer más amor y compasión a la vida.

Los *akhu* como fuente de inspiración

Cada día estamos rodeados de innumerables fuentes de inspiración. Para algunos, puede ser la belleza de la naturaleza, mientras que para otros puede ser una obra de arte o un ser querido. Sin embargo, hay una fuente de inspiración que a menudo se pasa por alto: los *akhu*. En muchas culturas, los *akhu* son honrados y respetados y se busca su guía en tiempos de necesidad. Para quienes creen en ellos, son una poderosa fuente de inspiración.

Inspiran de muchas maneras. Pueden aconsejar y guiar frente a decisiones difíciles. Pueden dar fuerza ante una sensación de extravía o soledad. Y ayudan a ver la belleza de la vida, incluso en los momentos más oscuros. Con apertura a su influencia, los *akhu* ayudan a encontrar esperanza y sentido a la vida. Así que la próxima vez que se sienta perdido o confundido, busque inspiración en los *akhu*. Su guía le ayudará a encontrar el camino de vuelta a la paz y la felicidad.

Los *akhu* como fuente de esperanza

Son un poderoso símbolo de esperanza para el pueblo de Ghana. Durante siglos, la idea de los *akhu* se ha transmitido de generación en generación, como recordatorio de la fuerza y la resistencia del pueblo ghanés. Los *akhu* representan el vínculo inquebrantable entre los vivos y los muertos y se cree que tienen el poder de proteger contra los malos espíritus.

En tiempos difíciles, los *akhu* recuerdan que los ancestros siempre están presentes, vigilan y guían. Son un símbolo de esperanza porque, sean cuales sean los retos, siempre pueden superarse. Los *akhu* son algo más que una parte de la mitología, son un poderoso recordatorio de quiénes somos y de lo que somos capaces de hacer.

Los *akhu* como fuente de júbilo

Los *akhu* se consideran una fuente de alegría y felicidad. En muchas culturas, son honrados y respetados por su capacidad de traer felicidad a la vida. Se cree que los *akhu* tienen el poder de hacer reír en situaciones de depresión y de ayudarnos a ver la belleza de la vida.

Los *akhu* recuerdan que, incluso en los momentos más oscuros, siempre hay algo por lo que estar agradecidos. Con apertura ante la influencia de los *akhu*, se encuentra alegría y felicidad en las cosas más sencillas. Así que la próxima vez que se sienta deprimido, acuérdese de buscar en los *akhu* un poco de alegría. Su presencia en su vida puede marcar la diferencia.

Los *akhu* como fuente de orgullo

Los *akhu* son motivo de orgullo para muchas personas. Tienen una larga y rica historia y son conocidos por sus bellas obras de arte y sus impresionantes joyas. También son conocidos por su carácter amistoso y siempre están dispuestos a ayudar a los necesitados. Además, son conocidos por su amor a la naturaleza y suelen hacer excursiones y campamentos. Los *akhu* son un pueblo orgulloso que siempre será una parte importante de nuestro mundo.

Los *akhu* como fuente de identidad cultural

En la cultura popular, los *akhu* suelen representarse como estrellas brillantes o lámparas encendidas. Para mucha gente, representan una poderosa fuente de identidad cultural. En un mundo en constante cambio, proporcionan una conexión con el pasado y una sensación de estabilidad. Para los egipcios, los *akhu* son un recuerdo de su rica cultura e historia. Ofrecen consuelo y esperanza en tiempos difíciles y traen alegría en tiempos de alegría. Son una parte importante de lo que somos, y siempre estaremos orgullosos de llamarlos nuestros.

Los *akhu* como fuente de identidad espiritual

En muchas culturas, los *akhu* se consideran una fuente de identidad espiritual. Para muchas personas, los *akhu* son un recordatorio de su conexión con lo divino. En la espiritualidad *kemetista*, a menudo se les considera intermediarios entre los vivos y los muertos. Se cree que tienen el poder de guiar en el viaje de la vida y ayudar a encontrar el camino de vuelta a los dioses. Los *akhu* son un poderoso recordatorio de la identidad espiritual y ayudan a conectar con lo divino en momentos de necesidad. Por estas razones, son esenciales en la vida espiritual de muchas personas.

Formas de honrar a los *akhu*

Los *akhu* son honrados en muchas culturas de todo el mundo. En el antiguo Egipto, se les conocía como los «Muertos gloriosos» y se les veneraba como protectores de los vivos. En el Tíbet se les conoce como «*Dewa*» y se cree que son poderosos guardianes del *Dharma*. En Japón, se les conoce como «*Kami*» y se les honra como espíritus de la naturaleza. Hay muchas formas de honrar a los *akhu*, algunas de las más comunes son las ofrendas de comida y bebida, encender velas o lámparas y recitar oraciones o mantras. Al honrarlos, se asegura que su influencia benéfica siga orientando la vida.

1. Ofrendas

Para honrar a los *akhu* y garantizar su buena voluntad, a menudo se les hacían ofrendas. Estas ofrendas adoptaban la forma de comida, bebida o incluso objetos que los *akhu* pudieran encontrar útiles en la otra vida. Lo más importante era que las ofrendas se hicieran con sincero respeto y con el deseo de complacer a los espíritus. Se creía que los *akhu* influían en la vida de los vivos, por lo que era importante apaciguarlos.

Las ofrendas solían hacerse en los funerales, pero también en otros momentos, como cuando alguien iniciaba un nuevo negocio o emprendía un viaje peligroso. Al hacer una ofrenda a los *akhu*, se pedía su protección y guía. A cambio, los *akhu* otorgaban bendiciones a quienes los honraran.

2. Plegarias

En muchas culturas se honra a los *akhu* a través de oraciones. La oración es una forma de mostrar el respeto por los *akhu* y puede utilizarse para solicitar su ayuda y guía. Hay muchas oraciones diferentes para honrar a los *akhu* y cada cultura tiene su forma única de expresar este respeto. Sin embargo, todas las oraciones comparten un objetivo común: mostrar agradecimiento a los antepasados por su guía y expresarles que siempre son recordados.

3. Rituales

En las antiguas prácticas egipcias, las familias realizaban rituales para honrar a sus antepasados y asegurarse de que sus *akhu* les guiara y protegiera de los peligros del inframundo. Uno de estos rituales era la ceremonia de «apertura de la boca», en la que un sacerdote tocaba la boca de una momia con una azuela, una herramienta sagrada utilizada para abrir la boca. Supuestamente, esto permitía al espíritu del difunto hablar y ser escuchado en la tierra de los muertos.

Otros rituales consistían en ofrecer comida y bebida a los *akhu*, recitar hechizos y bailar. Aunque estas prácticas puedan parecer extrañas hoy en día, tenían un propósito importante para los antiguos egipcios. Creían que aseguraban su lugar en la otra vida honrando a sus antepasados.

4. Festivales

Las fiestas en honor de los *akhu* o antepasados son una tradición común en muchas culturas de todo el mundo. Estas fiestas son una forma de recordar y mostrar respeto por quienes han vivido antes. Pueden ser asuntos sombríos o celebraciones alegres. Suelen incluir comidas y bebidas especiales, así como música y danza. Venerar a los antepasados no es solo honrar a los muertos. También consiste en conectar con la herencia y mantener vivas las historias y tradiciones de la cultura.

Para muchas personas, estas fiestas son una parte importante de su identidad y ofrecen la oportunidad de reunirse con otras personas que la comparten. Así que, tanto si asiste a un festival *akhu* como si simplemente honra a sus antepasados, dedique un momento a apreciar la importancia de esta tradición consagrada por el tiempo.

5. Cementerios

En muchas culturas, la vida después de la muerte es una creencia clave y la muerte está rodeada de muchos rituales y tradiciones. Una de estas tradiciones es el cuidado adecuado de los *akhu* o ancestros. Se cree que los *akhu* ayudan a quienes aún viven, pero hay que honrarlos y cuidarlos como es debido. Una forma de hacerlo es a través del cuidado de los cementerios. Los cementerios no son solo un lugar para enterrar a los muertos, sino también para honrarlos.

Manteniendo el cementerio limpio y bien cuidado, se honra a los antepasados y se les demuestra que son recordados. Además, muchos cementerios tienen días o momentos especiales en los que los miembros de la comunidad se reúnen para realizar rituales u ofrendas. Es un momento para agradecer la ayuda de los *akhu* y pedirles que sigan guiando. Cuidando los cementerios, se asegura que los *akhu* sean honrados como es debido y sigan ayudando a los vivos.

6. Altares de ancestros

En muchas culturas del mundo es costumbre honrar a los ancestros. En Egipto, se hacía mediante suntuosas tumbas y templos construidos para albergar los cuerpos y espíritus de los muertos. En China, el culto a los antepasados garantizaba que los difuntos fueran atendidos en la otra vida. Hoy en día, muchas personas mantienen altares para sus ancestros como forma de conectar con sus seres queridos difuntos.

Los descendientes de egipcios suelen decorarlos con imágenes de Anubis, el dios de los muertos. También se dejan ofrendas de comida y bebida para los ancestros y se reza para honrar su memoria. Los *akhu*, o espíritus de los muertos, también son venerados en muchas culturas africanas. Los altares de ancestros desempeñan un papel importante a la hora de mantener la conexión con la propia herencia y garantizar que nunca se olvide el pasado.

7. Genealogías

Los akhu son los espíritus de los antepasados y desempeñan un papel importante en la cultura egipcia. Las genealogías se utilizaban para honrarlos y mantener viva su memoria. También se utilizaban para ayudar a la gente a conectar con su pasado y comprender su lugar en el mundo. Las genealogías se tallaban en piedra o se pintaban en las paredes. En ellas figuraban los nombres de faraones, nobles y otros personajes importantes. También contaban historias sobre acontecimientos famosos. Se puede aprender mucho sobre la historia del antiguo Egipto estudiando estos registros. Las genealogías son una parte esencial del patrimonio y ayudan a conectar con el pasado.

8. Historias

En muchas tradiciones, se cree que los *akhu* ayudan a conectar con los seres queridos fallecidos y a recibir su guía. Por eso, muchas personas los honran contándoles historias. Al compartir historias sobre los ancestros, se mantienen vivos sus recuerdos y su sabiduría perdura. Además, contar historias sobre los *akhu* es una forma de mostrar respeto por su impacto en la vida diaria. Tanto si se comparten anécdotas personales como cuentos populares tradicionales, las historias sobre los *akhu* ayudan a reforzar la conexión con ellos.

9. Arte

Para los antiguos egipcios, la muerte no era el final. Creían en una vida después de la muerte y en que los *akhu,* o espíritus, seguían viviendo. Por eso se preparaban con esmero para el viaje y honraban a sus *akhu* a través del arte. Una de las formas más comunes de hacerlo era crear máscaras funerarias. Estas máscaras estaban hechas de diversos materiales, como madera, piedra y oro. A menudo estaban muy decoradas, con pinturas y jeroglíficos que transmitían mensajes de esperanza y protección.

Las máscaras funerarias tenían fines prácticos y espirituales. Preservaban el cuerpo del difunto y guiaban al *akhu* en su viaje al más allá. Hoy en día, las máscaras funerarias egipcias son algunas de las obras de arte más emblemáticas del mundo. Sirven como recordatorio de las creencias de los egipcios y de su compromiso de honrar a sus muertos.

10. Música

Otra forma de honrar a los *akhu* es a través de la música. Los *akhu* suelen representarse como pájaros, por lo que muchas canciones utilizan cantos de pájaros para invocar su presencia. Otras canciones utilizan la percusión para crear una sensación de movimiento, como si los *akhu* estuvieran bailando. Otras utilizan cánticos y vocalizaciones sin palabras para crear una atmósfera etérea en la que los *akhu* puedan moverse libremente. Sea cual sea el estilo musical utilizado, está claro que la música desempeñaba un papel importante en las creencias del antiguo Egipto.

Qué ofrendar a los *akhu* y cómo hacerlo

Los *akhu* son los espíritus de los antepasados y desempeñan un papel importante en la religión del antiguo Egipto. Se les hacían ofrendas para garantizar su apoyo y protección. Las ofrendas más comunes incluían comida, bebida y restos momificados. Las ofrendas de comida solían colocarse sobre una mesa en la tumba o santuario y las de bebida se vertían en jarras que se enterraban en el suelo. Las ofrendas momificadas solían colocarse en ataúdes o estelas. También se creía que los *akhu* aceptaban ofrendas no físicas, como oraciones e himnos. En general, cuanto más elaborada era la ofrenda, más probabilidades tenía de ser aceptada por los *akhu*.

Cuando se hacen ofrendas a los *akhu*, es fundamental ser respetuoso. Siempre hay que acercarse con las manos limpias y el corazón puro. También es vital dar gracias por la guía y protección de los *akhu*. Las ofrendas deben hacerse con regularidad, no solo cuando se necesita ayuda. Al honrar regularmente a los *akhu*, se muestra agradecimiento por todo lo que hacen.

Adorar y honrar a los *akhu* es una parte importante de la religión del antiguo Egipto. Es una forma de conectar con los antepasados y recibir su guía. Hay muchas formas de honrarlos, como la narración de historias, la música y las ofrendas. Lo más importante es acercarse a ellos con respeto y gratitud. Al hacerlo, se asegura que la conexión con ellos se mantenga fuerte.

Capítulo 6: Construir un santuario

Los santuarios personales son una forma estupenda de conectar con las deidades y antepasados que más aprecia. Al crear un espacio dedicado a ellos, puede crear un lugar de culto y conexión totalmente suyo. No solo eso, sino que los santuarios personales también son increíblemente útiles en momentos de necesidad o dificultad. Al tener un espacio dedicado específicamente a lo divino, puede acudir a él en busca de guía, fuerza y consuelo siempre que lo necesite.

Construir un santuario es un proceso muy personal y no hay una forma correcta de hacerlo. Sin embargo, hay algunas pautas generales que pueden seguirse para crear un espacio sagrado y seguro. En este capítulo, se repasan algunos de los aspectos básicos de la construcción de un santuario, como la elección del lugar, el tipo de objetos a incluir y la forma de cuidarlo. Al final, tendrá todo lo que necesita para tener un espacio personal perfecto para usted y su práctica.

Santuarios o altares personales

Un santuario personal es un espacio dedicado al culto de determinadas deidades o ancestros. Puede ser tan sencillo como una pequeña repisa con unas cuantas estatuas y ofrendas, o tan elaborado como una habitación entera llena de objetos rituales. Los santuarios pueden ser temporales o permanentes, interiores o exteriores, y pueden crearse para cualquier deidad o antepasado que se desee honrar.

Hay muchas razones por las que alguien puede crear un santuario personal. Para algunos, es una forma de conectar diariamente con deidades concretas. Para otros, es una forma de crear un espacio para la reflexión y la contemplación. Y para otros, es una forma de cultivar una sensación de paz y calma en su vida cotidiana. Sean cuales sean sus motivos, crear un santuario personal es una experiencia muy gratificante.

Cómo se usan los santuarios

Los santuarios son habituales en muchas culturas de todo el mundo. Se utilizan con diversos fines, desde honrar a los antepasados hasta protegerse de los malos espíritus. A menudo, los santuarios se construyen para conmemorar acontecimientos o personas especiales. Por ejemplo, en los barrios japoneses es frecuente encontrar santuarios dedicados a los propietarios de negocios exitosos.

Los santuarios también sirven para conmemorar cambios importantes en la vida de alguien. En algunas culturas, se erige un santuario cuando nace un niño y se va ampliando a medida que crece. Los santuarios pueden ser sencillos o elaborados, pero todos sirven para recordar las cosas importantes.

Hay muchas formas de utilizar un santuario personal. Algunos los utilizan para conectar con deidades concretas a diario, mientras que otros los visitan en ocasiones especiales o en días festivos. Los santuarios también se utilizan como espacio de reflexión y contemplación o como lugar para ofrecer oraciones y peticiones.

Lo más importante es que encuentre la forma de utilizar el santuario que mejor se adapte a usted. No hay un modo incorrecto de utilizar un santuario personal, siempre que se acerque a lo divino. A continuación, le ofrecemos algunas ideas para empezar:

1. Utilice su santuario como una forma de conectar diariamente con deidades específicas. Puede hacerlo mediante plegarias, ofrendas o simplemente pasando tiempo en él.

2. Utilice su santuario como espacio de reflexión y contemplación. Para ello, pase tiempo meditando delante de él o úselo como lugar de escritura de un diario sobre su viaje espiritual.

3. Utilice su santuario como lugar para ofrecer oraciones y peticiones. Para ello, escriba sus peticiones y colóquelas delante de su santuario o pronúncielas en voz alta mientras está ahí.

4. Utilice su santuario para cultivar una sensación de paz y calma en su vida cotidiana. Para ello, pase un rato delante de él cada día o utilícelo como lugar de retiro cuando necesite un

momento de paz.

5.Utilice su santuario para conectar con sus antepasados. Puede hacerlo colocando fotos u objetos que les pertenecieron delante de él u ofreciéndoles oraciones y libaciones.

Construir un santuario: Instrucciones paso a paso

Si quiere construir un santuario, las siguientes son instrucciones sencillas que pueden ayudarle a empezar.

1. Elegir la ubicación

A la hora de elegir la ubicación de un santuario, hay que tener en cuenta varias cosas. En primer lugar, considere el propósito del santuario. ¿Para qué quiere utilizarlo? ¿Lo utilizará para el culto diario o solo en ocasiones especiales? Si piensa utilizarlo con regularidad, elija un lugar de fácil acceso.

Un lugar cerca de la puerta de entrada o en su dormitorio podría ser ideal. Sin embargo, también puede querer utilizarlo ocasionalmente. En ese caso, quizá le convenga elegir un lugar más escondido, como el fondo de un armario o debajo de las escaleras. En segundo lugar, piense en quién va a utilizar el santuario. Si usted es el único que va a acceder a él, tiene más flexibilidad en cuanto a su ubicación. En cambio, si lo van a utilizar otras personas, tendrá que elegir un lugar lo bastante grande para que quepan cómodamente.

En tercer lugar, tenga en cuenta sus preferencias personales. ¿Qué tipo de ambiente quiere crear? ¿Prefiere un entorno más privado o más abierto y acogedor? Una vez considerados estos factores, sabrá mejor dónde ubicar su santuario.

2. Elegir las deidades o ancestros representados

Altar para el dios Thoth
https://commons.wikimedia.org/wiki/File:Th_oltar.JPG

Uno de los aspectos más importantes a la hora de construir un santuario personal es decidir qué deidades o antepasados quiere representar. Si no sabe por dónde empezar, piense en sus creencias y tradiciones espirituales. ¿Hay alguna deidad específica por la que se sienta atraído? También puede elegir deidades o ancestros que tengan un significado en su historia familiar.

Cuando haya elegido a una o varias deidades o ancestros, investigue un poco sobre ellos. ¿Cuáles son sus símbolos y colores? ¿De qué tipo de ofrendas disfrutan? ¿Cuáles son sus historias y mitos? Cuanto más sepa sobre los seres que representa, más fácil le resultará crear un santuario que parezca un espacio sagrado.

3. Recolectar materiales

Ahora que sabe dónde se ubicará su santuario y a qué deidades o ancestros quiere representar, es hora de reunir los materiales necesarios para crearlo.

- Una pequeña mesa, altar o repisa para colocar los objetos del santuario.

- Una tela para cubrir la superficie del altar. Puede ser un simple trozo de tela o una tela de altar más elaborada.

- Imágenes o estatuas de las deidades o ancestros que representa.

- Objetos simbólicos que representen a cada deidad o ancestro. Por ejemplo, flores para una diosa del amor, una vela para un dios del fuego o un cuenco de agua para una diosa del mar.

- Ofrendas para las deidades o ancestros. Puede incluir comida, bebida, flores, inciensos o cualquier otra cosa que quiera ofrecer.

4. Montar su santuario

Una vez que tenga todos los materiales, es hora de empezar a montar el santuario. Empiece cubriendo la superficie del altar con una tela. A continuación, ponga las imágenes o estatuas de forma que le resulte agradable. Si representa a varias deidades o ancestros, puede crear un espacio separado para cada uno.

A continuación, añada los objetos simbólicos que representan a cada ser. Por último, presente sus ofrendas. Puede colocarlas directamente en el altar o utilizar un cuenco de ofrendas. Lo más importante es hacerlo con intención. Mientras ofrece cada objeto, tómese un momento para rezar una oración o visualizar. Por ejemplo, imagine que la deidad o el ancestro recibe su ofrenda y se alegra.

5. Bendiga su santuario

Una vez montado el santuario, deberá bendecirlo para que sea un espacio sagrado. Puede hacerlo de varias maneras, dependiendo de sus preferencias personales. Límpielo a fondo con agua salada o arena. Una vez limpio, está listo para consagrarlo. Para ello, encienda una vela blanca y un poco de incienso y rece una oración pidiendo la bendición de los dioses o diosas a los que quiera honrar.

También puede ungir el santuario con aceite, haciendo movimientos circulares para llenarlo de energía positiva. Una vez consagrado el santuario, puede decorarlo con imágenes o estatuas de las deidades a las que quiera honrar. También puede añadir flores frescas u otras ofrendas que les sean queridas. Recuerde que su santuario es un espacio sagrado al que puede acudir para conectar con lo divino. Trátelo con respeto y cuidado y será una poderosa fuente de fortaleza y guía en su vida.

Lugar y disposición de los objetos en el santuario

La disposición de los objetos en un santuario suele ser bastante deliberada y puede tener un profundo significado. En muchos casos, la colocación de los objetos viene dictada por la tradición o las creencias religiosas. Por ejemplo, muchos santuarios tienen una estatua o imagen de una deidad en el centro, rodeada de ofrendas o símbolos de veneración. Los objetos específicos que se incluyen en un santuario también pueden variar en función de su finalidad. Por ejemplo, un santuario dedicado a un ancestro puede incluir objetos importantes para esa persona en vida, como fotos o recuerdos. En última instancia, la colocación de los objetos en un santuario refleja la relación entre el devoto y el objeto de culto.

1. Estatuas o imágenes de deidades

Los objetos más comunes que se encuentran en un santuario son estatuas o imágenes de la deidad a la que se rinde culto. Puede ser desde una pequeña figurita hasta un gran cuadro o escultura. Como se considera el punto central, la estatua o imagen suele colocarse en el centro del santuario. En muchos casos, es el objeto principal del devoto.

2. Ofrendas

Las ofrendas son otro tipo de objeto habitual en los santuarios y pueden ser cualquier cosa que el devoto quiere ofrecer a la deidad, como comida, bebida, flores, inciensos o incluso armas. Las ofrendas suelen colocarse delante de la estatua o la imagen de la deidad para mostrar respeto y devoción.

3. Elementos simbólicos

En algunos casos, los santuarios también incluyen objetos simbólicos que representan a la deidad venerada. Puede tratarse de cualquier cosa, desde un tipo específico de flor hasta una piedra o un metal. La inclusión de estos objetos ayuda al devoto a conectar con la deidad en un nivel más personal.

4. Fotos o recuerdos

Otros objetos que suelen encontrarse en los santuarios son fotos o recuerdos de la persona o entidad venerada. Esto es especialmente común en los santuarios dedicados a los ancestros, ya que ayuda a crear una conexión más personal. Como se consideran secundarios respecto de la estatua o imagen principal, estos objetos suelen colocarse en la periferia del santuario.

5. Flores frescas

Las flores frescas se utilizan a menudo para decorar santuarios, ya que se consideran un símbolo de vida y crecimiento. También tienen un olor agradable que crea una atmósfera más relajante y acogedora. Las flores suelen colocarse alrededor del del santuario, en su exterior, para enmarcar la imagen o estatua central.

6. Incienso

El incienso es otra ofrenda común para decorar los santuarios. Es una forma de purificar el espacio y crear una atmósfera más sagrada. El incienso suele colocarse delante del santuario para que el humo se dirija hacia la imagen o estatua central. Tenga cuidado al quemarlo, ya que puede suponer un peligro de incendio.

7. Velas

Las velas se utilizan a menudo en los santuarios para crear luz y calor. También pueden utilizarse para representar la presencia de lo divino. Suelen colocarse alrededor del santuario, en su exterior, para enmarcar la imagen o estatua central. Debido al riesgo de incendio, debe tener cuidado al utilizar velas.

8. Campanas

Las campanas se utilizan en los santuarios para llamar la atención sobre la presencia de lo divino. También para ahuyentar a los malos espíritus. Las campanas suelen colgarse fuera del santuario para enmarcar la imagen o estatua central. El sonido de la campana también puede utilizarse para señalar el inicio de un servicio religioso.

9. Cuenco de ofrendas

A veces se utiliza un cuenco de ofrendas en los santuarios para recoger las ofrendas para la deidad. Suele colocarse delante del santuario para recoger las ofrendas que se hagan. También puede utilizarse para contener agua en rituales de limpieza. Con los cuidados adecuados, un cuenco de ofrendas puede durar muchos años.

10. Otros objetos

Los santuarios también pueden incluir otros objetos específicos de la deidad a la que se rinde culto o relacionados con las creencias de los devotos. Puede tratarse de armas o instrumentos musicales. La inclusión de estos objetos tiene como objetivo ayudar al devoto a conectar con la deidad en un nivel más personal.

Recuerde que la colocación de objetos en un santuario suele ser deliberada y puede tener un significado profundo. Tómese su tiempo para considerar la disposición de los objetos en su altar y crear un espacio significativo para usted.

Cuidado y mantenimiento del santuario

El cuidado y mantenimiento adecuados del santuario son esenciales para garantizar que siga siendo un lugar de culto para las generaciones futuras. El primer paso en el mantenimiento de un santuario es limpiar regularmente el suelo y las superficies. Esto ayuda a eliminar la suciedad, el polvo y otros residuos acumulados con el tiempo.

Además, es crucial inspeccionar periódicamente el santuario para detectar cualquier daño o desgaste. Si hay grietas o quiebres, hay que repararlos inmediatamente. Además, el altar debe regarse con regularidad para evitar que la madera se seque y se agriete. Siguiendo estos sencillos consejos, se asegura de que su santuario siga siendo un lugar de culto hermoso y sagrado durante muchos años.

1. Cuidado diario

Todos los días, los devotos del santuario realizan una serie de rituales para prepararlo para el día siguiente. Estos rituales incluyen limpiarlo con agua salada, quemar incienso y hacer ofrendas de comida y bebida. Además, entonan himnos y oraciones para purificar el santuario e invocar a los espíritus de los antepasados. Una vez preparado, el santuario se abre a los visitantes, que acuden a ofrecer oraciones y regalos.

Los sacerdotes son responsables de que un santuario se mantenga limpio y ordenado, y también guían a quienes buscan consejo de los espíritus de los antepasados. Al realizar estos rituales diarios, mantienen la conexión entre los vivos y los muertos y garantizan que los ancestros sigan guiando y protegiendo a sus descendientes.

Aquí tiene algunos consejos para el cuidado diario de su santuario:

- Limpie regularmente el piso y las superficies de su santuario.

- Inspeccione el santuario en busca de cualquier grieta o quiebre.

- Riegue el santuario regularmente para proteger la madera de secarse o quebrarse.

- Limpie el santuario regularmente para eliminar el polvo o cualquier suciedad.

- Ofrezca diariamente comida, bebida e incienso a los espíritus de los ancestros.

2. Cuidado semanal

Además del cuidado diario del santuario, también es necesario realizar una serie de rituales semanales. Estos incluyen limpiar la estatua o imagen de la deidad, pulir el altar y cambiar las ofrendas. El cuidado semanal del santuario garantiza que permanezca limpio y sagrado.

Aquí tiene algunos consejos para el cuidado semanal de su santuario:

- Limpie la estatua o la imagen de la deidad con una tela suave.

- Lustre el altar con una tela limpia y seca.

- Cambie las ofrendas del altar por comidas y bebidas frescas.

- Prenda incienso de calidad frente al altar.

- Entone himnos o plegarias para los espíritus de los ancestros.

3. Cuidado estacional

El santuario también necesita cuidados estacionales. Esto incluye limpiarlo, cambiar las ofrendas y realizar rituales específicos de la estación. Estos cuidados garantizan que el santuario siga siendo sagrado y esté conectado con los ciclos de la naturaleza.

Aquí tiene algunos consejos para el cuidado estacional de su santuario:

- Limpie el santuario a fondo al inicio de cada estación.
- Cambie las ofrendas del santuario por unas que representen la estación.
- Prenda inciensos estacionales frente al santuario.
- Entone himnos o plegarias específicas de la estación.
- Realice rituales específicos de la estación.

4. Cuidado anual

Además del cuidado diario, semanal y estacional del santuario, también es necesario realizar una serie de rituales anuales. Estos rituales incluyen la limpieza del santuario, las ofrendas a los espíritus de los antepasados y la celebración de festivales. El cuidado anual del santuario garantiza que siga siendo un lugar sagrado de culto en los años venideros.

He aquí algunos consejos para el cuidado anual de su santuario:

- Limpie el santuario con sal marina al principio del año.
- Haga ofrendas de comida, bebida e incienso a los espíritus de los ancestros.
- Organice festivales y celebraciones en el santuario a lo largo del año.
- Invite a la comunidad a participar en el cuidado del altar.

5. Otras consideraciones

Hay otras cosas que debe recordar cuando cuide su santuario. En primer lugar, es importante crear un espacio sagrado y seguro. Esto significa que debe estar situado en un lugar donde las influencias externas no lo perturben. En segundo lugar, es importante respetar los santuarios y los espíritus de los ancestros. Esto significa que solo se debe permitir la entrada o la visita a quienes sean sinceros en su deseo de rendir culto. Por último, recuerde que el santuario es un espacio vital y debe tratarse como tal. Esto significa que debe mantenerse limpio y libre de desorden.

En el *kemetismo*, los santuarios son espacios sagrados a los que se acude para conectar con lo divino. También se consideran lugares de protección y curación. Los objetos que se colocan en los santuarios deben ayudar a conectar con las deidades y crear una atmósfera más sagrada y acogedora. Con los cuidados adecuados, un santuario puede durar muchos años. Así que, si está interesado en construir su propio santuario *kemetista*, siga los consejos de este capítulo.

Capítulo 7: Magia *Maat*

La magia *Maat* es un concepto relativamente nuevo propuesto por el ocultista Nema Andahadna. Es un sistema *Thelemico* de autoiniciación basado en los escritos de Aleister Crowley. En este capítulo, se toca brevemente lo que es magia *Maat*, cómo se compara y difiere de otros sistemas de magia y algunos de sus conceptos clave.

¿Qué es magia *Maat*?

Nema Andahadna, ocultista, introdujo la idea de magia *Maat*. La magia *Maat* es un sistema de autoiniciación basado en los escritos de Aleister Crowley. Recibe su nombre de la diosa egipcia Maat, que representa la verdad, el equilibrio y la justicia. El objetivo principal de la magia *Maat* es lograr el equilibrio en la propia vida y vivir según la Ley del retorno.

Andahadna cree que, alineándose con la energía de Maat, se puede crear un cambio positivo en el mundo. Para ello, ha creado un sistema de rituales y prácticas diseñados para promover la verdad, la justicia y el equilibrio en todos los ámbitos de la vida. Esto incluye cuestiones tanto personales como globales.

Andahadna descubrió que, trabajando con las energías de Maat, podía crear un cambio positivo en su propia vida y en la de quienes la rodeaban. Además, cree que este tipo de magia puede utilizarse para sanar el planeta y crear un mundo más pacífico y armonioso.

Thelema y la magia *Thelema*

Fundado por Aleister Crowley a principios del siglo XX, *thelema* es un sistema filosófico y religioso. El principio central de *thelema* es «Haz lo que quieras, será toda la ley». Este principio se basa en la creencia de que cada individuo tiene derecho a perseguir su verdadera voluntad sin interferencias perjudiciales de otros. Según esta creencia, cada individuo tiene derecho a vivir su vida según su verdadera voluntad. *Thelema* es también el nombre de la orden mágica de Crowley, que fundó en 1907.

Thelema Magick es un sistema de prácticas mágicas basado en principios *thelémicos*. *Thelema Magick* enfatiza en la autonomía personal y la libertad, y los practicantes creen que cada individuo tiene el poder de crear su realidad. Está diseñado para ayudar al practicante a alcanzar su verdadera voluntad. *Thelemic Magick* es a menudo visto como una forma más espiritual de la magia, ya que no se centra en el mundo material. También incluye una creencia en el poder de los símbolos y rituales y los practicantes a menudo utilizan rituales mágicos para manifestar sus deseos.

La conexión entre la magia *Maat* y *thelema*

La magia *Maat* se basa en los escritos de Aleister Crowley, que también fue el fundador del sistema de magia *thelémica*. La magia *Maat* es una tradición ocultista que subraya la importancia del equilibrio y la armonía en todas las cosas. *Thelema*, por su parte, es un movimiento religioso relativamente nuevo. A primera vista, puede parecer que no hay mucha coincidencia entre estas dos tradiciones. Sin embargo, al examinarlas más de cerca, queda claro que hay varias similitudes clave entre la magia *Maat* y *thelema*.

Ambas filosofías enfatizan la importancia del equilibrio y el autocontrol, y ambas animan a sus seguidores a seguir sus propios caminos en la vida. Además, ambas tradiciones ponen mucho énfasis en el ritual y el simbolismo. Como resultado, no es sorprendente que muchas personas que practican magia *Maat* también tengan interés en *thelema*. Aunque *thelema* es un movimiento relativamente nuevo, está claro que tiene raíces en algunas ideas antiguas.

Tanto la magia *Maat* como la magia *thelema* enfatizan la autonomía personal y el poder del individuo para crear su realidad. Además, ambos sistemas creen en el uso de símbolos y rituales para manifestar los propios deseos. Las dos tradiciones también comparten la creencia en la importancia del equilibrio y la armonía. Como resultado, no es sorprendente que muchas personas que practican magia *Maat* también tengan interés en *Thelema*.

Sin embargo, también hay algunas diferencias clave entre magia *Maat* y magia *Thelema*. Una de las diferencias más notables es que la magia *Maat* se centra en lograr el equilibrio en todas las áreas de la vida. Por el contrario, la magia *Thelema* se centra principalmente en el logro de la verdadera voluntad del practicante. Otra diferencia clave es que la magia *Maat* se basa en las energías de la diosa egipcia Maat. Por el contrario, la magia *Thelema* se basa en las energías del dios griego Pan.

Conceptos clave en la magia *Maat*

Varios conceptos clave son fundamentales en la magia *Maat*. Es un sistema de magia basado en los principios de verdad, equilibrio y justicia. El objetivo de la magia *Maat* es promover la armonía y el orden en el mundo. En el centro de la magia *Maat* está el concepto de Maat, la antigua diosa egipcia de la verdad, la justicia y el equilibrio.

Para practicar, se debe esforzar por mantener los valores de la verdad, el equilibrio y la justicia en todos los aspectos de su vida. Esto puede lograrse estudiando las enseñanzas mágicas de Maat, realizando rituales y hechizos que se alineen con sus principios y trabajando para que el mundo sea más ordenado y armonioso. Siguiendo el camino de la magia *Maat*, los practicantes ayudan a crear un mundo más justo y equilibrado.

He aquí algunos conceptos clave que son fundamentales para la magia *Maat*:

1. *Liber Pennae Praenumbra*

Liber pennae praenumbra, también conocido como el *Libro de las sombras*, es un texto mágico utilizado durante siglos por las brujas. Contiene diversos hechizos y rituales, así como información sobre hierbas medicinales y astrología. Aunque se desconoce su origen, se cree que data de la Edad Media. Hoy en día, muchas brujas utilizan el *Libro de las sombras* como una forma de conectar con su herencia.

Para muchos paganos, este libro es un texto sagrado que debe tratarse con respeto. En los últimos años, ha habido un resurgimiento del interés en el *Libro de las sombras*, con nuevas ediciones y versiones que se publican con regularidad. Tanto si está empezando a explorar la brujería como si es un practicante experimentado, el *Libro de las sombras* es una parte esencial de este arte.

En la magia *Maat*, el *Libro de las sombras* se utiliza como una herramienta para el autodescubrimiento y el crecimiento personal. Es una forma de conectar con el yo superior y las fuerzas divinas que guían la vida. El libro puede utilizarse como diario, grimorio o simplemente como un lugar para recoger pensamientos y reflexiones.

El texto del *Libro de las sombras* no es inamovible. Cada bruja debe sentirse libre de añadir o eliminar el contenido que considere oportuno. La única regla es que debe utilizarse con fines positivos. Cualquier cosa dañina debe quedar fuera. Con esto en mente, aquí tiene algunas ideas para empezar:

- Utilice el *Libro de las sombras* como diario. Escribe tus pensamientos y experiencias con la magia. Es una forma estupenda de seguir tu progreso y crecimiento como bruja.

- Llene el libro con hechizos y rituales significativos para usted. Puede incluir hechizos de amor, hechizos de protección o incluso rituales sencillos para el cuidado personal.

- Utilice el *Libro de las sombras* como un grimorio. Es un lugar para registrar todos los conocimientos mágicos adquiridos. Puede incluir información sobre hierbas, cristales y otras herramientas del oficio.

- Utilice el libro como herramienta de adivinación. Puede tratarse de clarividencia, lecturas del tarot o cualquier otra forma de adivinación que le atraiga.

- Utilice el libro como herramienta de autorreflexión. Es un lugar para explorar sus pensamientos y sentimientos más profundos. Puede utilizarlo para conectar con su yo superior y aprovechar su poder innato.

2. Eones

El concepto de eón es un principio central de la magia *Maat*. Un eón es una unidad de tiempo igual a 1.000 años. El eón actual es el de Horus, que comenzó en 2004. El eón anterior fue el de Isis, y antes de eso fue el eón de Osiris. Cada eón representa una etapa diferente en la evolución espiritual de la humanidad y está gobernado por una deidad en particular. Los eones se dividen en etapas conocidas como sub-eones.

El sub-eón actual es la era de Horus, que comenzó en 2004 d. C. y durará hasta el año 3000 d. C. Le sigue la era de Maat, que dura desde el 3000 d. C. hasta el 4000 d. C. Después está la Era de Set, que durará desde el 4000 d. C. hasta el 5000 d. C. Finalmente, la Era de Neftis comenzará en el año 5000 d. C y durará hasta el año 6000 d. C.

Cada sub-eón representa un desafío diferente que la humanidad debe superar en su viaje hacia la iluminación espiritual. Los magos *Maat* se esfuerzan por alinear su propia voluntad con la voluntad divina de la era actual y marcar el comienzo de una nueva etapa de paz y armonía para toda la humanidad.

3. Cábala

La Cábala es un antiguo sistema místico judío que explora la naturaleza de Dios y el universo. Incluye creencias sobre la creación, los ángeles y los demonios. La Cábala también enseña que todo en el universo está interconectado. Esto significa que nuestras acciones nos afectan no solo a nosotros mismos, sino también a los demás y al mundo que nos rodea.

La magia *Maat* es una forma de magia que incorpora estos conceptos. Busca el equilibrio y el orden en el mundo. Los practicantes de magia *Maat* trabajan para alinearse con la diosa Maat y sus principios. Esto puede hacerse a través de prácticas como la meditación, el diario y el trabajo con herramientas mágicas como los cristales y las cartas del tarot. Con ello esperan crear un mundo más justo y armonioso.

Maat y la Cábala son dos sistemas de pensamiento y práctica que pueden utilizarse juntos para crear un cambio positivo en el mundo. Juntos ayudan a conectar con el yo superior, con las fuerzas divinas que guían la vida y con la magia del universo. La clave está en recordar que los pensamientos y acciones importan. Lo que se hace hoy da forma al mundo de mañana. Así que trabajemos todos juntos para crear un mundo más equilibrado y armonioso.

4. El Árbol de la Vida

El Árbol de la Vida es un concepto central en la magia *Maat*, que se basa en la antigua cosmología egipcia. Se representa como un gran árbol con diez ramas, cada una de las cuales representa un aspecto diferente de la realidad. En la cima del árbol está el sol, que representa la luz Divina que ilumina todas las cosas. Debajo del sol están la luna y las estrellas, que representan la naturaleza cíclica de la realidad.

El Árbol de la Vida

Las ramas del árbol representan los cinco elementos: tierra, aire, fuego, agua y espíritu. A su vez, estos elementos están relacionados con los cinco sentidos, las partes del cuerpo y las etapas de la vida. Cada elemento se asocia también con un color, un planeta y una carta del tarot diferentes.

El Árbol de la Vida se utiliza como herramienta de autorreflexión y autodesarrollo. Al meditar en el árbol, se comprende mejor la vida y su significado. También se puede utilizarlo para conectar con las fuerzas divinas que guían la vida. La clave está en recordar que el árbol es un símbolo y que su significado depende de lo que cada uno haga de él.

El Árbol de la Vida es un poderoso símbolo de la unidad y la diversidad de todas las cosas. Es un recordatorio de que todos estamos conectados y de que nuestras acciones pueden tener un efecto dominó en el mundo que nos rodea. Esforcémonos por vivir en armonía con el Árbol de la Vida y crear un mundo más equilibrado y armonioso para todos.

5. N'Aton

N'Aton es el nombre del dios del sol en la mitología del antiguo Egipto. A menudo se le representa como un hombre con cabeza de halcón o un león con cabeza de halcón. Se le asocia con el elemento fuego y el color rojo. También se le asocia con el planeta Marte. *N'Aton* representa el principio activo y masculino del universo.

N'Aton es el dios creador que dio origen a los demás dioses y diosas. También es el dios del sol, de la luz y de la verdad. Es una poderosa fuerza para el bien, y su energía puede aprovecharse para lograr cambios positivos. Cuando trabaja con *N'Aton*, puede aprovechar su poder para crear un cambio positivo en su vida y en el mundo que lo rodea.

N'Aton es un dios de la acción, y su energía puede ser útil cuando necesite tomar medidas decisivas en su vida. Si se enfrenta a una situación difícil, pida ayuda a *N'Aton*. Su energía puede darle la fuerza y el valor que necesita para superar cualquier obstáculo.

Según Maat, *N'Aton* es el único dios verdadero, la fuente de toda la creación. Al alinearse con *N'Aton*, se puede aprovechar ese poder y utilizarlo para crear cambios positivos en la vida. La clave es actuar siempre según *Maat*, el principio universal de verdad y justicia. Cuando se hace, se actúa en armonía con la voluntad de *N'Aton*. Así se producen cambios positivos en la vida individual y en el mundo.

6. La ley del Retorno

La Ley del Retorno es uno de los principios básicos de la magia *Maat*. Afirma que cualquier energía que se pone en el universo vuelve triplicada. En otras palabras, si hace algo positivo, recibirá el triple de energía positiva a cambio. Del mismo modo, recibirá el triple de energía negativa si hace algo negativo.

La Ley del Retorno es una poderosa herramienta para crear cambios positivos en su vida. Al poner deliberadamente energía positiva en el mundo, atrae más positividad a su vida. Esto puede ayudarle a manifestar sus deseos y alcanzar sus objetivos. Por el contrario, al evitar las acciones y los pensamientos negativos, reduce la negatividad en su vida.

La Ley del Retorno es una forma sencilla pero poderosa de crear un cambio positivo en su vida. Al alinear sus acciones con los principios positivos de *Maat*, atrae más positividad a su vida y crea la vida que desea.

7. Teurgia

Uno de los conceptos centrales de la magia *Maat* es la teurgia, que es la práctica de utilizar rituales mágicos para comunicarse con los dioses e invocarlos. Esto contrasta con otras formas de magia, que se centran en la manipulación de la energía o la materia. La teurgia se basa en la creencia de que los dioses son seres reales con los que se puede contactar mediante rituales.

Aunque los métodos exactos de comunicación varían de una tradición a otra, suelen consistir en una combinación de oraciones, ofrendas e invocaciones. El objetivo de la teurgia es establecer una relación con lo divino para recibir guía, protección u otros favores. Para muchos practicantes, la teurgia es una forma de vivir en armonía con el orden natural de las cosas. Alineándose con la voluntad de los dioses, se puede alcanzar un estado de equilibrio y armonía en la propia vida.

8. Evocación

La evocación es el acto de llamar o convocar a una deidad y puede hacerse por muchas razones, como pedir guía, solicitar curación o simplemente entrar en contacto con lo divino. Hay muchas formas de evocar a un espíritu, pero todas requieren cierto nivel de concentración e intención. Lo más importante es crear un espacio abierto y acogedor. Para ello, monte un altar con objetos que representen al espíritu que desea invocar. También es útil crear un círculo de protección, que evitará que otras energías interfieran en su trabajo.

Una vez que haya creado este espacio, puede comenzar la evocación llamando al espíritu por su nombre. Sea respetuoso y humilde en su petición, ya que la evocación es un acto poderoso que no debe tomarse a la ligera. Si lo hace con intenciones puras, puede ser una experiencia muy positiva y transformadora.

9. Invocación

Cuando se habla de invocación en el contexto de la magia *Maat*, se refiere al acto de llamar o convocar una energía o entidad particular. Esto se puede hacer por varias razones, tales como la búsqueda de orientación, protección o curación. La invocación puede hacerse externamente, pidiendo a otra persona que invoque la energía en su nombre, o internamente, a través de su práctica. Independientemente de cómo se haga, el objetivo es crear un espacio en el que pueda conectar con las energías que busca.

Hay varias maneras de hacerlo, pero su intención es la clave. Cuando tenga claro lo que espera conseguir a través de la invocación, será más fácil concentrar sus energías e invocar las fuerzas específicas que le ayuden a manifestar sus deseos. Además, es importante crear una atmósfera propicia para la comunicación y la conexión abiertas. Para ello, puede quemar en su espacio salvia o palo santo, encender velas o poner música relajante. Haga lo que haga, asegúrese de preparar el terreno para una experiencia positiva y productiva.

10. Magia sexual

En el mundo de la magia, se pueden adoptar muchos enfoques diferentes para lograr objetivos específicos. Un enfoque que se utiliza a veces es la magia sexual. Como su nombre indica, implica el uso de la energía sexual para potenciar hechizos y rituales mágicos. Aunque pueda parecer un concepto sencillo, encierra una gran complejidad.

Uno de los conceptos clave en la magia sexual es la idea del consentimiento. Para que la energía sexual sea aprovechada adecuadamente, todos los participantes deben estar totalmente de acuerdo y cómodos con la actividad. Esto asegura que el hechizo o ritual resultante se realiza con intenciones positivas y energía pura. Otra consideración importante en la magia sexual es el papel de la concentración y la visualización.

Al realizar un hechizo o ritual de magia sexual, es crucial centrarse en el resultado deseado durante todo el proceso. Esto facilitarse mediante el uso de técnicas específicas de visualización, como imaginar el resultado deseado mientras se masturba o la creación de una imagen mental del resultado deseado durante el coito. Teniendo en cuenta estos conceptos, cualquiera puede aprender y aprovechar el poder de la magia sexual.

Magia *Maat* y su lugar en el mundo actual

Los magos *Maat* han practicado su arte en secreto durante siglos. Sin embargo, en los últimos años ha resurgido el interés por este tipo de magia. La magia *Maat* enseña que todas las cosas están interconectadas y que se debe buscar el equilibrio en todos los ámbitos de la vida. Esto incluye las relaciones con el mundo natural, las interacciones con los demás e incluso los pensamientos y emociones. Cuando se está en desequilibrio, se produce desarmonía y sufrimiento. En cambio, si se está alineado con *Maat,* se pueden introducir cambios positivos en la vida personal y en el mundo circundante.

En el mundo actual existe un interés creciente por el chamanismo, el trabajo energético y otras prácticas espirituales alternativas. La magia

Maat ofrece un camino único que combina muchos elementos en un sistema cohesivo. Es una práctica basada en el respeto por el mundo natural, la reverencia por lo divino y el compromiso con el crecimiento personal. Mientras seguimos afrontando retos en nuestro mundo, como el cambio climático, la desigualdad económica y la injusticia social, la magia *Maat* proporciona un marco para trabajar hacia soluciones positivas. Si está interesado en explorar este tipo de magia, tiene a su disposición varios recursos que le ayudarán a empezar.

La magia *Maat* es un tipo de magia arraigada en la tradición, pero que sigue siendo relevante para la vida moderna. Enseña que todas las cosas están interconectadas y que se debe buscar el equilibrio en todos los ámbitos de la vida. Esto incluye nuestras relaciones con el mundo natural, las interacciones con los demás e incluso los pensamientos y emociones. Los conceptos clave tratados en este capítulo son algunas de las razones por las que la magia *Maat* está ganando popularidad en el mundo actual. Su enfoque en el crecimiento personal y la responsabilidad social proporciona una alternativa muy necesaria a las prácticas espirituales dominantes.

Capítulo 8: Ceremonias y rituales mágicos

Los antiguos egipcios creían que *Maat* era esencial para mantener el equilibrio en el universo. Este concepto era fundamental para la cosmología y la ética egipcias. Creían que mantener *Maat* era necesario para el bienestar personal y la estabilidad de la sociedad y el orden cósmico. Para defenderlo, utilizaban una serie de rituales y ceremonias, como ofrecer oraciones y sacrificios a los dioses, realizar ritos de purificación y participar en procesiones y festivales. Al defender los principios de verdad, justicia y equilibrio relacionados con *Maat*, garantizaban su bienestar y la salud de su sociedad y del cosmos.

La magia *Maat* es un antiguo sistema egipcio de magia que se utiliza para mejorar la vida de varias maneras. Este capítulo se centra en los beneficios de practicar magia *Maat* y muestra cómo realizar varios rituales. Aprenderá acerca de los rituales de protección, alejamiento, destierro, consagración e invocación. Mediante la incorporación de estos rituales en su vida, usted puede mejorar su concentración, conectar con lo divino, desarrollar su intuición, fortalecer su fuerza de voluntad y mucho más.

Beneficios de practicar magia *Maat*

Muchas personas recurren a la magia para lograr cambios positivos en sus vidas. Aunque hay muchas tradiciones mágicas diferentes, la magia *Maat* es una de las más gratificantes. Estos son algunos de los muchos beneficios de practicar magia *Maat*:

1. Concentración de la mente

Uno de los beneficios más importantes de la magia *Maat* es que ayuda a centrar la mente. En la ajetreada vida moderna es fácil dispersarse y perder la concentración. Por el contrario, el estudio disciplinado de la magia *Maat* requiere concentración y enfoque mental. Como resultado, quienes practican esta forma de magia logran que sus mentes sean más capaces de afrontar los retos de la vida cotidiana. Además, esta práctica ayuda a desarrollar una mayor conciencia de uno mismo, lo que puede conducir a una sensación de paz y bienestar. Por estas razones, cualquiera que busque mejorar su concentración y claridad mental haría bien en considerar la práctica de la magia *Maat*.

2. Conexión con lo divino

La magia Maat es un sistema de creencias y prácticas espirituales que implica la invocación de la diosa egipcia Maat. Los seguidores de Maat creen que alineándose con sus principios se logra una transformación personal y una conexión con lo divino. La magia *Maat* hace hincapié en la ética, la moral y el equilibrio con el mundo natural. Sus practicantes creen que adhiriéndose al código de conducta de Maat pueden alcanzar la iluminación espiritual y acercarse a los dioses.

El camino de Maat es un camino de superación personal y de despertar de uno mismo y su objetivo último es acercarse a lo divino. Sus enseñanzas pueden aplicarse a todos los aspectos de la vida, desde las relaciones hasta el trabajo y las finanzas. Sus seguidores creen que viviendo según estos principios se encuentra armonía y plenitud en todos los ámbitos de la vida. Supongamos que busca un camino espiritual enfocado en el crecimiento personal y la conexión con lo divino. En ese caso, la magia *Maat* es adecuada para usted.

3. Desarrollo de la intuición

Uno de los beneficios de practicar magia *Maat* es que desarrolla la intuición. La intuición es la capacidad de comprender algo inmediatamente sin necesidad de razonamiento consciente. Cuando practica magia *Maat*, se conecta con su subconsciente, donde reside la intuición. A medida que está más en sintonía con su intuición, puede tomar decisiones con mayor rapidez y eficacia. También mejora su capacidad para «leer» a las personas y las situaciones, y es menos propenso a que los acontecimientos inesperados le pillen desprevenido.

Desarrollar su intuición a través de la magia *Maat* le ayuda a llevar una vida más próspera. Muchas de las personas más exitosas del mundo han confiado en su intuición para guiarse hacia el éxito. Si desea aprovechar esta poderosa fuente de conocimiento, la magia *Maat* puede ayudarle a hacerlo. También ayuda a desarrollar otras habilidades psíquicas, como la clarividencia y la adivinación.

4. Mejora de la creatividad

Cuando practica la magia *Maat*, aprovecha su creatividad innata. Este tipo de magia le permite explorar diferentes aspectos de su personalidad y sacar a la luz sus talentos ocultos. El acto de crear algo de la nada es un poderoso acto de voluntad y puede tener un profundo efecto en su vida. Por su naturaleza, la magia *Maat* le anima a pensar con originalidad y a encontrar soluciones nuevas e innovadoras a los problemas.

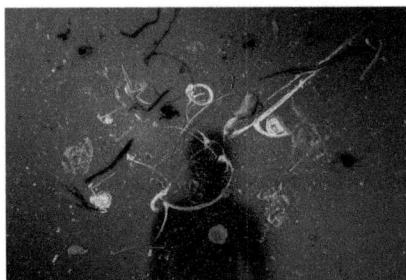

La magia *Maat* le ayuda a conectar con su creatividad

Además, los rituales mágicos y hechizos ayudan a perfeccionar sus habilidades creativas. A medida que se vuelva más experto en la elaboración de fórmulas mágicas, descubrirá que su creatividad florece también en otras áreas de la vida. Si es un artista, un escritor o alguien que simplemente disfruta con nuevas ideas, practicar magia *Maat* le ayudará a liberar todo su potencial.

5. Fortalecimiento de la fuerza de voluntad

Uno de los beneficios de practicar magia *Maat* es que fortalece la fuerza de voluntad. La fuerza de voluntad es la capacidad de resistirse a las tentaciones y cumplir los objetivos. Es un ingrediente fundamental para el éxito. Es más probable que consiga sus objetivos si tiene una fuerza de voluntad fuerte. Cuando practica magia *Maat*, afirma constantemente su compromiso con la verdad y la justicia. Esto refuerza su voluntad y su determinación.

Además, la práctica de magia *Maat* ayuda a desarrollar la autodisciplina. Esto se debe a que trabaja constantemente para dominar sus pensamientos, emociones y acciones. A medida que se vuelva más disciplinado, su fuerza de voluntad aumentará. Por lo tanto, si está buscando una manera de mejorar su fuerza de voluntad, considere practicar magia *Maat*.

Le ayudará a crear un cambio positivo en su propia vida. Supongamos que usted está luchando con la adicción u otros patrones negativos de comportamiento. En ese caso, la magia *Maat* le proporciona las herramientas que necesita para liberarse y empezar de cero. Además, practicarla ayuda a desarrollar una conexión más fuerte con el mundo natural.

Al sintonizarse con los ciclos de la naturaleza, aprende a vivir en mayor armonía con la tierra. Por último, la magia *Maat* también es una fuente de fuerza y apoyo en los momentos difíciles. Cuando el mundo se siente desequilibrado, los practicantes de magia *Maat* recurren a su poder para restablecer la armonía.

Tanto si busca una transformación personal, como si quiere marcar la diferencia en el mundo, la magia *Maat* es una poderosa tradición que vale la pena explorar.

Rituales de protección

Los practicantes de magia *Maat* tratan de mantener el equilibrio mediante rituales de protección. Estos rituales pueden adoptar muchas formas, pero todos están diseñados para alejar la energía y las fuerzas negativas. Entre los ingredientes habituales de los hechizos de protección se encuentran la sal, las hierbas y los amuletos protectores. Los magos *Maat* también usan gestos y palabras de poder para crear una barrera invisible de protección alrededor de sí mismos o de sus hogares. Aquí tiene algunos ejemplos de rituales de protección que puede probar:

1. El rito de la copa lunar

El rito de la copa lunar es un sencillo pero poderoso ritual de protección que puede realizarse en cualquier momento, siempre que se disponga de una copa o cáliz lunar. Esta copa se llena con agua sagrada de una fuente natural, como un lago, río, manantial o pozo. Una vez que la luz de la luna ha tocado el agua, esta se utiliza para limpiar el cuerpo y el aura. El proceso completo dura menos de una hora y puede realizarse solo o en compañía. Este ritual de protección de magia *Maat* ofrece una forma sencilla de limpiarse y protegerse de la negatividad.

2. La misa de Maat

Este ritual de protección es una forma sencilla pero poderosa de protegerse de la energía negativa. El ritual consiste en invocar a la diosa egipcia Maat, que es la personificación de la verdad, la justicia y el equilibrio. Una vez que haya invocado a Maat, visualícela sosteniendo una balanza en las manos. En un lado de la balanza está su corazón y en el otro una pluma. Si su corazón pesa más que la pluma, significa que está desequilibrado y carga con demasiada energía negativa. Maat le ayudará a limpiar y purificar su corazón, devolviéndolo a un estado de equilibrio. Este ritual puede realizarse tantas veces como sea necesario y es una forma excelente de protegerse de las influencias negativas.

3. El rito de los niños

En este rito los participantes invocan el poder de Maat para protegerse de cualquier daño. El ritual comienza con el trazado de un círculo en el suelo. Dentro del círculo, se sienta a un niño pequeño en un taburete o una silla. A continuación, se envuelve al niño en una manta o tela que representa las alas protectoras de Maat. A continuación, los demás participantes se colocan alrededor del círculo y entonan una invocación a Maat. Una vez finalizado el ritual, todos sienten paz y calma, sabiendo que están a salvo de cualquier daño.

4. La danza de la máscara

La danza de la máscara es un poderoso ritual para limpiar su aura y liberar cualquier energía no deseada. Para realizar este ritual, necesita una máscara blanca y un pañuelo negro. Comience poniéndose la máscara y atándose el pañuelo alrededor de la cabeza, de modo que le cubra los ojos. Respire hondo varias veces y visualícese rodeado de luz blanca. Al inhalar, imagine que la luz entra en su cuerpo y limpia su aura. A continuación, empiece a bailar por la habitación, moviendo el cuerpo de la forma que le parezca más natural. Continúe bailando hasta que sienta que ha liberado toda la energía negativa. Cuando haya terminado, siéntese y agradezca al universo por darle esta protección.

Rituales de protección

Uno de los aspectos más importantes de la magia *Maat* es la protección. Un ritual de protección es una barrera que se utiliza para mantener alejadas las energías y entidades negativas. Hay muchos tipos de protección y cada practicante desarrolla sus propios métodos. Sin embargo, en los rituales de magia *Maat* se utilizan a menudo algunos elementos comunes.

Uno de los ingredientes más importantes es la sal. La sal es conocida por su capacidad para absorber la energía negativa y se utiliza a menudo en rituales de limpieza y protección. Se utiliza para crear un círculo de protección alrededor de un área o se espolvorea sobre los objetos que se desea proteger.

Las hierbas también suelen utilizarse en rituales de protección. Las más populares son la lavanda (para la paz y la relajación), el romero (para la purificación) y la albahaca (para la fuerza y el coraje). Estas hierbas pueden quemarse como incienso, llevarse en bolsitas o esparcirse por la zona que se desea proteger. Con estos sencillos ingredientes, puede crear fuertes hechizos para mantener a raya la energía negativa.

1. El ojo de Horus

El ojo de Horus es un antiguo símbolo egipcio de protección, poder real y buena salud. Se utilizaba a menudo como amuleto protector y solía pintarse en el interior de ataúdes y tumbas. También se conoce como ojo *wedjat, wadjat* o *udjat.* El ojo de Horus representa al dios Horus como protector y vengador de Egipto. Es un símbolo muy poderoso y mucha gente lo sigue utilizando hoy en día como amuleto protector.

Hay varias formas de realizar el ritual del ojo de Horus. Una forma es coger un huevo y dibujar el ojo de Horus en él con un rotulador mágico negro. Coloque el huevo en un lugar seguro donde no sea molestado. Otra forma de realizar el ritual es escribir el nombre «Horus» en un trozo de papel y colocarlo debajo de su almohada mientras duerme. Esto lo protegerá de cualquier daño mientras duerme. Por último, puede llevar un amuleto o talismán con el símbolo del ojo de Horus. Esto lo protegerá de la energía negativa y lo mantendrá a salvo de cualquier daño.

2. La pluma de Maat

La pluma de Maat es un antiguo ritual egipcio de protección que aún se utiliza en la actualidad. Consiste en colocar una pluma en el umbral de una casa o negocio para alejar las energías y fuerzas negativas. La pluma de Maat debe su nombre a la diosa egipcia de la verdad y la justicia, a la que a menudo se representaba con una pluma en el pelo. Además de utilizarse como amuleto protector, el ritual de la pluma de Maat también se emplea para traer justicia y equilibrio al mundo. Quienes realizan el ritual creen que, al hacerlo, ayudan a hacer realidad la visión de Maat de un mundo justo y armonioso.

3. El ankh de Isis

El *ankh* de Isis es un ritual de magia *Maat* que se utiliza para protegerse de las energías negativas. El ritual consiste en dibujar un *ankh* en el suelo con un trozo de tiza y caminar tres veces alrededor del perímetro mientras se recita un mantra protector. El mantra puede ser cualquier cosa, desde una simple oración hasta un conjuro mágico más complejo. Lo importante es que se recite con intención y concentración. Una vez completado el ritual, el *ankh* debe dejarse en su lugar el mayor tiempo posible para proporcionar la máxima protección. Este sencillo pero poderoso ritual puede ser realizado por cualquier persona, independientemente de su nivel de conocimientos mágicos o experiencia.

4. El pilar djed

El pilar *djed* es un ritual popular utilizado en magia *Maat* para protegerse de las energías negativas. El ritual consiste en dibujar un pilar simbólico en el suelo y utilizar sal y agua para crear una barrera alrededor de él. Una vez que el pilar está completo, se recita un poderoso conjuro que invoca a las fuerzas del bien para que protejan de cualquier daño. Este ritual puede personalizarse para adaptarse a sus necesidades específicas y a menudo se utiliza en combinación con otros rituales de magia *Maat*. Si está buscando alejar a los malos espíritus o simplemente quiere una sensación de protección, el pilar *djed* puede ser una poderosa herramienta en su arsenal mágico.

Rituales de limpieza

Si está buscando una manera de desterrar la energía negativa y limpiar su espacio, considere un ritual de limpieza de magia *Maat*. Hay diferentes maneras de realizar un ritual de limpieza. He aquí algunas de las más populares:

1. La llama purificadora

Si quiere desterrar la negatividad de su vida, el ritual de la llama purificadora es una buena forma de empezar. Este sencillo pero eficaz ritual utiliza el fuego para limpiar las energías no deseadas. El primer paso es escribir en un papel toda la negatividad que quieres desterrar. Puede ser cualquier cosa, desde la envidia y los celos hasta la ira y el odio. Una vez que tenga la lista completa, debe prenderle fuego. Puede hacerlo con una vela, un mechero o incluso una cerilla. Mientras el papel arde, visualice toda la energía negativa liberada de su vida. Deja que el papel se queme por completo y luego deshágase de las cenizas en un lugar seguro.

2. El cuenco ardiente

El cuenco ardiente es un ritual de destierro diseñado para eliminar la energía negativa de su vida. Para empezar, necesitará una vela y un cuenco o caldero a prueba de fuego. Coloque el cuenco en el centro de su espacio de trabajo y encienda la vela. Centre su intención en la llama y visualice cómo toda su negatividad es atraída hacia ella. Mientras lo hace, diga en voz alta o en su mente: «Destierro toda la negatividad de mi vida. Libero todo el miedo, la ira y el dolor. Estoy rodeado de luz y amor». Deje que la vela arda el tiempo que considere necesario y luego apáguela. Dé las gracias al fuego por su ayuda y sepa que ha dado un paso importante para desterrar la negatividad de su vida.

3. El destierro de Set

Set es un antiguo dios egipcio asociado con el caos, el desorden y la violencia. En muchos sentidos, personifica los peores aspectos de la naturaleza humana. Por esta razón, algunos practicantes de magia *Maat* realizan un ritual para desterrar a Set cuando desean librarse de influencias negativas.

El ritual es relativamente sencillo. En primer lugar, invoque a Set al mundo mediante una declaración de intenciones. A continuación, visualice a Set desterrado de su presencia, ahuyentado por la luz de Maat. Por último, devuelva a Set al vacío caótico del que procede.

Aunque pueda parecer poca cosa, este ritual es muy poderoso. Al desterrar a Set, expulsa las fuerzas destructivas que obstaculizan su crecimiento y desarrollo. Al hacerlo, crea espacio para el cambio positivo y la transformación en su vida.

Rituales de consagración

Los rituales de consagración son una parte importante de la magia *Maat*. Se utilizan para limpiar y purificar objetos que se utilizarán en hechizos o rituales. La consagración también puede utilizarse para consagrar un espacio, como un altar o un círculo. Hay muchas formas de realizar un ritual de consagración, pero todas comparten ciertos elementos básicos. En primer lugar, se limpia con agua el objeto o espacio que se va a consagrar. Esto representa el elemento agua y la pureza de Maat. A continuación, se añade sal al agua. Representa el elemento tierra y la energía de la tierra. Por último, se bendice la mezcla con las palabras: «Purifico y consagro este (objeto o espacio) en nombre de Maat». Esto completa el ritual e infunde al objeto o espacio energía positiva y mágica.

Rituales de invocación

La magia *Maat* es un antiguo sistema egipcio de magia y espiritualidad que se emplea para alcanzar diversos objetivos. Una de las aplicaciones más populares de la magia *Maat* es la invocación, que es el acto de llamar a un poder superior para que ayude a alcanzar un objetivo específico. Hay muchas maneras de realizar una invocación, pero todas ellas implican algún tipo de comportamiento ritual. Por ejemplo, algunas personas encienden velas o queman incienso como parte de la invocación, mientras que otras recitan oraciones o cánticos específicos. Independientemente de la forma que adopte, una invocación es una herramienta poderosa que le ayuda a alcanzar sus objetivos.

La magia *Maat* es un sistema de magia y espiritualidad que se utiliza para alcanzar diversos objetivos. Se basa en la antigua diosa egipcia Maat, que representa la verdad, la justicia y el equilibrio. En este capítulo se han tratado algunos de los aspectos más importantes de la magia *Maat*, como los elementos, los principios y los rituales. Los rituales de consagración se utilizan para limpiar y purificar los objetos que se utilizarán en hechizos o rituales. Los rituales de invocación se utilizan para invocar a un poder superior que ayude a alcanzar un objetivo específico.

Capítulo 9: Plegarias y meditaciones

Los antiguos egipcios eran profundamente espirituales y la oración formaba parte de sus vidas. La oración era una forma de conectar con las deidades y pedir su ayuda o guía. Hay muchos tipos diferentes de oraciones *kemetistas*, desde breves invocaciones hasta himnos largos y detallados. En este capítulo, se exploran algunas de las plegarias y meditaciones más comunes utilizadas por los antiguos egipcios

Cómo orar

Recuerde que las deidades siempre lo escuchan cuando ora. Puede pedirles cualquier cosa, grande o pequeña. También es importante ser lo más específico posible a la hora de pedir ayuda o guía. Cuanto más específico sea, más fácil les resultará a los dioses comprender sus necesidades. Aquí tiene algunos consejos que le ayudarán a empezar:

1. Empiece por decidir a quién quiere orar. Puede ser cualquiera de los dioses o diosas egipcios. Incluso puede rezar a varias deidades a la vez.

2. Piense en lo que quiere pedir. Sea lo más específico que pueda.

3. Elija el tipo de plegaria que mejor sienta que se adapta a sus necesidades.

4. Encuentre un lugar silencioso en el que pueda estar concentrado y relajado.

5. Respire hondo unas cuantas veces y permítase estar tranquilo y concentrado.

6. Comience la plegaria. Puede hacerlo en voz alta o en su mente.

7. Cuando haya terminado, tómese un momento para agradecer a los dioses por su tiempo y ayuda.

8. Finalmente, puede seguir con su vida, sabiendo que los dioses están con usted.

Oración a Ra

«Oh Ra, señor del sol,

Te pido fuerza y valor.

Te pido que hagas brillar tu luz en mi corazón,

Y me guíes a través de la oscuridad».

Oración a Bast

«Oh Bast, diosa de los gatos y protectora del hogar,

te pido protección.

Te pido que veles por mí y por mi familia,

y nos mantengas a salvo de cualquier daño».

Oración a Ptah

«Oh Ptah, dios del arte y la creación,

te pido inspiración.

Te pido que enciendas la creatividad en mi corazón,

Y me ayudes a ver la belleza en todas las cosas».

Oración a Sobek

«Oh Sobek, dios del Nilo y protector de los cocodrilos,

te pido fuerza y poder.

Te pido que me des el valor para enfrentarme a mis miedos,

y la fuerza para superarlos».

Oración a Hathor

«Oh Hathor, diosa del amor y la belleza,

te ruego por la felicidad.

Te pido que llenes mi corazón de amor,

Y me ayudes a encontrar alegría en todas las cosas».

Oración a Osiris

«Oh Osiris, dios del inframundo y juez de los muertos,
te ruego que me guíes.
Te pido que me ayudes a encontrar mi camino,
y me muestres la vía de la rectitud».

Oración a Isis

«Oh Isis, diosa de la maternidad y la curación,
te pido consuelo.
Te pido que alivies mi dolor y mi sufrimiento,
y me ayudes a encontrar la paz».

Oración a Horus

«Oh Horus, dios del cielo y protector del faraón,
te ruego por la victoria.
Te pido que me des la fuerza para luchar,
y el poder para triunfar».

Oración a Maat

«Oh Maat, diosa de la verdad y la justicia,
te pido equilibrio.
Te pido que me ayudes a ver los dos lados de cada cosa,
y a encontrar el camino del medio».

Meditaciones *Maat*

Meditación del Nilo

La meditación del Nilo es una meditación *Maat* que se puede utilizar para conectar con las energías del río Nilo. El Nilo es uno de los ríos más poderosos del mundo y ha sido fuente de vida para incontables generaciones. Al conectar con las energías del Nilo, accede a un profundo pozo de sabiduría y fuerza.

La meditación comienza imaginándose de pie a la orilla del Nilo. Vea su reflejo mirándolo desde el agua. Tómese un momento para concentrarse en su reflejo y conectar con su sabiduría interior. A continuación, imagine el flujo del río a su alrededor. Sienta el frescor del agua que pasa por sus pies y el calor del sol sobre su piel. Al inhalar, sienta que atrae la fuerza del río.

Déjese llenar por la fuerza del Nilo. Retenga esta energía en su interior durante unos instantes antes de devolverla a la corriente del río. A medida que suelta la energía, sienta cómo se profundiza su conexión con el río. Déjese invadir por una sensación de paz y bienestar. Cuando esté preparado, vuelva a ser consciente de lo que le rodea y respire hondo unas cuantas veces antes de continuar con su día.

Meditación del ojo de Ra

La meditación del ojo de Ra es una meditación *Maat* que se utiliza para conectar con las energías del dios del sol, Ra. Es el señor del sol y uno de los dioses más poderosos del panteón egipcio. Al conectar con su energía, accede a una profunda fuente de fuerza y coraje.

La meditación comienza imaginando que está en presencia de Ra. Sienta el calor del sol en su piel y el poder de la energía de Ra irradiando a su alrededor. Al inhalar, atraiga la energía del dios del sol. Llénese de su fuerza.

A continuación, imagine el propio sol. Sienta el calor de sus rayos sobre su piel y el poder de su luz brillando sobre usted. Al inhalar, atraiga la energía del sol. Llénese de su poder. Por último, imagínese a usted mismo como el sol. Sienta el poder de su luz iluminando el mundo.

Meditación de la pluma de Maat

La meditación de la pluma de Maat es una meditación *Maat* que se utiliza para conectar con las energías de la verdad y la justicia. Maat es la diosa de la verdad y la justicia y su pluma es un símbolo de equilibrio. Conectar con su energía le permite acceder a una profunda fuente de sabiduría y fuerza.

La meditación comienza imaginándose en presencia de Maat. Al mirarla, la ve sosteniendo una pluma en la mano. Tómese un momento para concentrarse en la pluma y sentir su energía irradiando a su alrededor. Al inhalar, atraiga la energía de la pluma. Llénese de la verdad y la justicia de Maat.

A continuación, imagine la pluma. Sienta la ligereza de su tacto y el poder de su presencia. Al inhalar, atraiga la energía de la pluma. Llénese de su poder. Mientras se mueve por el mundo, siéntase difundiendo las energías de la verdad y la justicia.

La meditación y las oraciones son herramientas poderosas que ayudan a conectar con las energías de las deidades egipcias. Este capítulo le ha proporcionado diferentes meditaciones y oraciones que puede utilizar para conectar con estas energías. Al hacerlo, accede a una profunda fuente de sabiduría y fuerza. Elija una meditación u oración que resuene con usted y utilícela como ayuda para su viaje.

Capítulo 10: Incorporar *Maat* a la vida moderna

La diosa egipcia Maat era la personificación de la verdad, la justicia, el equilibrio y el orden. Los antiguos egipcios creían que, si seguían los 42 preceptos de Maat, llevarían una vida recta que agradaría a los dioses y les reportaría éxito y felicidad en este mundo y en el otro. Aunque no vivimos en el antiguo Egipto, podemos aprender de la sabiduría de Maat y aplicarla a la vida moderna.

Este capítulo explora algunas de las formas en que podemos hacerlo. Primero, se ven algunas de las principales reglas de Maat y lo que significan. Después se exploran varias formas de incorporar estos principios a la vida moderna.

Seguir las reglas de Maat

Los 42 preceptos de Maat fueron recopilados por los antiguos egipcios. Abarcan una amplia gama de temas, desde el respeto a los dioses y a los padres hasta la justicia, la verdad, la moderación y mucho más. Estas 42 reglas se trataron en el capítulo 3, pero aquí hay varias acciones que se pueden llevar a cabo para seguirlas.

Respetar a los dioses

Los antiguos egipcios creían que los dioses eran responsables de todo en el mundo, desde el clima hasta la prosperidad humana. Creían que era crucial mostrar respeto a los dioses para mantener su favor. Hay varias formas de hacer esto mismo en la vida moderna. Se puede aprender sobre las diferentes deidades del antiguo Egipto y lo que representaban. Esto significa creer en ellas y honrarlas con palabras y actos.

Puede que en los tiempos modernos no haya dioses tradicionales a los que adorar, pero sí se puede respetar y honrar aquello en lo que se cree. Ya sea el Dios cristiano, Alá, Buda o cualquier otro, se puede mostrar respeto viviendo según sus enseñanzas.

Honrar a los padres

El respeto a los padres era otro valor importante en la antigua sociedad egipcia. Los egipcios creían que era crucial honrar a los padres para mantener su favor y apoyo. En la vida moderna, se puede honrar a los padres mostrándoles respeto, escuchando sus consejos y siguiendo su ejemplo. También se puede demostrarles aprecio haciendo cosas por ellos, como prepararles su comida favorita, llevarles a una excursión especial o simplemente pasar tiempo con ellos.

Hacer enmiendas

Si alguien infringía alguna de las reglas de Maat, debía enmendarlo. Esto podía implicar cualquier cosa, desde pedir disculpas a la persona a la que se había hecho daño hasta hacer un sacrificio a los dioses. En la vida moderna, se puede enmendar lo que se hace mal. Se puede pedir disculpas a la persona a la que se ha hecho daño e intentar arreglar las cosas. También se puede aprender de los errores y hacerlo mejor en el futuro. Esta es una parte esencial de vivir una vida según los principios de Maat.

Hablar con la verdad

En muchas culturas, decir la verdad se considera una virtud y a menudo se desprecia a quienes mienten o difunden falsedades. En algunos casos, como en los tribunales o en los negocios, la Ley obliga a decir la verdad. Sin embargo, incluso en la vida cotidiana, decir la verdad suele considerarse la mejor política. Cuando se es sincero, se fomenta la confianza y se crean relaciones basadas en el respeto mutuo.

La sinceridad era un valor importante en la antigua sociedad egipcia. En la vida moderna, es importante seguir esforzándose por ser sincero en palabras y acciones. También se puede ayudar a los demás a decir la verdad siendo abiertos y honestos. Así que la próxima vez que sienta la tentación de decir algo que no es verdad, piense en Maat y deje que su conciencia lo guíe.

Actuar con justicia

Una forma en que los individuos defendían a Maat era siendo justos en su vida cotidiana. Esto no solo significaba tratar a los demás con justicia, sino también asumir la responsabilidad de los propios actos. En la vida moderna, podemos esforzarnos por actuar con justicia. Podemos tratar a los demás con justicia, independientemente de su raza, religión o cualquier otra característica. También podemos responsabilizarnos por nuestras acciones. Esto incluye asumir nuestras decisiones y afrontar las consecuencias de nuestros actos.

Respetar la vida

Uno de los principios más importantes de Maat es el respeto a la vida. Esto incluye la vida humana y la vida animal. Los egipcios creían que toda vida era sagrada y debía tratarse con cuidado y compasión. Hacer daño a otra criatura era invitar al caos y al desorden a la propia vida. Siguiendo el principio del respeto a la vida, se puede crear un mundo más pacífico y armonioso. Cuando se muestra amabilidad y respeto a todo lo que nos rodea, se crea energía positiva que fluye hacia el universo.

Cuidar el ambiente

Mostrar respeto por el ambiente es una forma de honrar a Maat

Otra forma de honrar a Maat es respetando el medio ambiente. En la antigüedad, los egipcios creían que los dioses residían en la naturaleza y construían templos y santuarios en entornos naturales. También dependían del río Nilo para su subsistencia y evitaban dañar las plantas y los animales que vivían en él. En la vida moderna, se puede respetar el medio ambiente, por ejemplo, no contaminando. También se puede trabajar para proteger las especies amenazadas y sus hábitats.

Ser generoso

Una forma de seguir las reglas de Maat era ser generoso. La generosidad se consideraba una forma de restablecer el equilibrio y la armonía. Se creía que dar generosamente el tiempo, el talento y los recursos propios contribuía a crear un mundo más justo y pacífico. En el mundo actual, la idea de ser generoso puede parecer un simple acto de bondad. Sin embargo, sigue siendo un valor importante. Siendo generoso, ayuda a hacer del mundo un lugar mejor para todos.

Mantenerse puro

Los antiguos egipcios creían en el principio de *Maat*, que puede traducirse aproximadamente como equilibrio u orden. Para ellos, *Maat* era el estado ideal del individuo y del universo, y se esforzaban por vivir según sus enseñanzas. Uno de los aspectos clave de *Maat* era la pureza, tanto en términos de limpieza física como moral. Los egipcios creían que manteniendo su pureza podrían mantener el mundo en equilibrio.

En la práctica, esto significaba que se bañaban con regularidad y evitaban comer alimentos impuros. Vestían con modestia y se abstenían de actividades que pudieran considerarse moralmente cuestionables. Siguiendo la regla de *Maat*, los egipcios esperaban alcanzar un estado de armonía tanto en su interior como en el mundo que les rodeaba.

Ser moderado

La regla de *Maat* es un antiguo principio egipcio que promueve el equilibrio y la moderación en todas las cosas. La diosa Maat personifica este ideal, y su nombre se utiliza a menudo para referirse al concepto de verdad, justicia y orden. En la práctica, la regla de *Maat* significa vivir en armonía consigo mismo y con el entorno. Se trata de encontrar el término medio entre los extremos y evitar los comportamientos excesivos. Esto puede aplicarse a todo, desde la dieta y el ejercicio hasta el trabajo y las relaciones. Siguiendo la regla de *Maat*, se crea un modo de vida más equilibrado y sostenible.

Seguir el camino de la rectitud

En el antiguo Egipto, los faraones eran considerados mediadores entre los dioses y los humanos y eran responsables de mantener a *Maat*. Para ello, debían seguir el camino de la rectitud. Si se desviaban de *Maat*, eran juzgados por Osiris, el dios de los muertos. El juicio se basaba en sus actos en vida. Si eran hallados deficientes, eran arrojados al inframundo.

Por lo tanto, seguir el camino de la rectitud era esencial para evitar la condena eterna. Hoy en día, todavía es posible aprender de los antiguos egipcios siguiendo los principios de *Maat* en la propia vida. Viviendo con verdad, justicia y armonía, se puede crear un mundo más equilibrado y ordenado para el presente y para las generaciones futuras.

Subordinar los deseos

La regla de *Maat* es un antiguo principio egipcio que se remonta a la época de los faraones. La palabra *Maat* se refiere a la verdad, la justicia y el equilibrio, y el principio de *Maat* dicta que se debe vivir la vida defendiendo estos valores. En la práctica, esto significa subordinar sus deseos a favor de lo que es correcto y bueno.

Es fácil quedar atrapado en los deseos y necesidades, pero si se da un paso atrás y se considera el efecto de las propias acciones en los demás, queda claro que a veces es necesario dejar de lado los intereses personales por un bien mayor. Al hacerlo, se crea un mundo más justo y armonioso para todos.

Resistir a la tentación

En la antigua sociedad egipcia se creía que defender los principios de *Maat* traía prosperidad y buena fortuna. La idea de resistir la tentación es fundamental. En un mundo en el que es tan fácil ceder a los propios deseos, el autocontrol es una tarea difícil. Sin embargo, la recompensa de seguir las enseñanzas de *Maat* merece el esfuerzo. Cuando se resiste la tentación, se forja el carácter y la fuerza de voluntad. También se aprende a estar contento con lo que se tiene en lugar de perseguir constantemente lo que es deseado.

Hacer sacrificios

En la sociedad egipcia se creía que el equilibrio era esencial para la armonía individual y comunitaria. Por ello, muchas personas hacían sacrificios a la diosa. Podían ser ofrendas materiales, como comida o joyas, o más abstractas, como actos de abnegación o abandono de malos hábitos. Al hacer sacrificios a Maat, la gente esperaba alcanzar el equilibrio en su propia vida y hacer una contribución positiva al mundo que les rodeaba. Aunque las posesiones materiales pueden ser valiosas, no son lo único por lo que merece la pena sacrificarse. A veces, es más importante sacrificar el tiempo, la energía o incluso la felicidad por el bien de los demás.

Agradecer

Dar las gracias es una parte importante de seguir la regla de *Maat*. Su nombre significa «el camino correcto» o «la verdad». La regla de Maat se basa en los principios de verdad, justicia, equilibrio y orden. Estos principios deben guiar la vida.

Cuando se agradece, se reconoce el valor de algo que se ha recibido. También se indica la voluntad de corresponder de alguna manera. Al dar las gracias, se muestra nuestro respeto por el orden natural de las cosas. También se demuestra el compromiso de seguir la regla de *Maat*.

Buscar el perdón

Muchas personas buscan el perdón sin entender realmente qué es lo que están pidiendo. Abordan el perdón como si se tratara de una simple transacción. Por ejemplo, hacen algo malo y quieren ser perdonados para seguir adelante con sus vidas. Sin embargo, el perdón no es tan sencillo. El verdadero perdón requiere que ambas partes comprendan lo que sucedió y lleguen a un punto de resolución. Sin esta comprensión, el dolor y la rabia pueden seguir supurando, dando lugar al resentimiento y la amargura.

El concepto egipcio de *Maat* proporciona un marco útil para entender cómo buscar el perdón de una manera que conduzca a la curación y la reconciliación. *Maat* se basa en la idea de verdad y equilibrio. Cuando alguien ha hecho daño a otro, debe asumir la responsabilidad de sus actos y arreglar las cosas. Esto puede implicar disculparse, restituir o incluso sufrir las consecuencias. Solo entonces se produce el verdadero perdón. Si se toma el tiempo necesario para buscar el perdón de una manera que promueva la curación y la reconciliación, puede crear relaciones basadas en el respeto y la confianza.

Arrepentirse de los errores

Según las antiguas enseñanzas egipcias de Maat, cada persona es responsable de sus actos y debe equilibrarse espiritualmente. Una forma de alcanzar este equilibrio es arrepentirse de los errores cometidos. Para ello, primero debe asumir la responsabilidad de sus actos y, a continuación, tomar medidas para enmendarlos. Esto puede implicar pedir disculpas a quien ha hecho daño, o hacer una donación a una causa que merezca la pena. Así, puede restablecer el equilibrio en su vida y convertirse en una persona mejor. En última instancia, seguir las enseñanzas de *Maat* conduce a una vida más plena y pacífica.

Comprender la vida después de la muerte

Los antiguos egipcios creían en una vida después de la muerte y tenían elaborados rituales y creencias en torno a ella. Según esta creencia, el alma debía estar en equilibrio para alcanzar la inmortalidad. El pesaje del corazón era un ritual que se realizaba después de la muerte y determinaba si el alma era lo suficientemente pura para entrar en la otra vida. Si el corazón pesaba más que una pluma, significaba que el alma estaba desequilibrada y sería devorada por un monstruo. En cambio, si el corazón era más ligero que la pluma, significaba que el alma estaba en armonía y se le permitiría entrar en la otra vida. La regla de *Maat* era solo una de las muchas creencias que los antiguos egipcios tenían sobre la muerte y el más allá.

Perseverar en la adversidad

Los antiguos egipcios creían que la vida era un viaje y que todos tenían que perseverar en los momentos difíciles. Creían que soportar retos difíciles hacía mejores personas. Este es un principio básico de la regla de *Maat*. Afrontando las adversidades y superándolas, se aprende y se crece. También se es más compasivo y comprensivo con los demás. Cuando persevera en los momentos difíciles, no solo se hace más fuerte, también contribuye a crear un mundo mejor.

Creer en los dioses

Según el sistema de creencias del antiguo Egipto, los dioses eran los responsables de mantener el equilibrio en el universo. La idea de confiar en los dioses para mantener el equilibrio puede parecer extraña hoy en día, pero era una parte esencial de las creencias de los antiguos egipcios. Los egipcios creían que todo en el universo estaba conectado y que los humanos eran una pequeña parte de un todo mucho mayor.

Como tal, consideraban que era su responsabilidad defender el *Maat* y mantener las cosas en armonía. Esto se hacía mediante acciones individuales, como llevar una buena vida; o mediante esfuerzos comunitarios, como trabajar juntos para construir templos y pirámides. Siguiendo la regla de *Maat*, los antiguos egipcios esperaban mantener el equilibrio en sus vidas y en el universo.

Ser amable

Ser amable es una de las cosas más importantes. No cuesta nada y marca la diferencia en la vida de alguien. Todos los días se tiene la oportunidad de ser amables con los demás. Sonreír a alguien, hacerle un cumplido o realizar un acto de bondad al azar. Cuando se toma el tiempo de ser amable, difunde energía positiva y buena voluntad. Y eso siempre es bueno.

Ser amable también tiene muchos beneficios. Varios estudios han demostrado que la amabilidad se asocia con niveles más bajos de hormonas de estrés, presión arterial, ansiedad y depresión. También mejora el sistema inmunitario y proporciona una sensación de satisfacción y bienestar. Así que la próxima vez que tenga la oportunidad de ser amable, hágalo.

Ayudar a los necesitados

Durante siglos, las culturas de todo el mundo han mantenido la creencia de que quienes han sido bendecidos con buena fortuna deben compartir sus bendiciones con los menos afortunados. Esta idea se resume en el concepto egipcio de *Maat*, que insta a todos a comportarse de forma que se promueva el equilibrio y la armonía. Una forma de defender *Maat* es ayudar a los necesitados.

Ya sea echar una mano a un vecino o trabajar como voluntario en un comedor social local, los actos de bondad crean un sentimiento de comunidad y unen a la gente. En un mundo a menudo lleno de conflictos y divisiones, seguir la regla de *Maat* es una forma poderosa de provocar un cambio positivo.

Llevar una vida modesta

La regla de Maat es la antigua filosofía egipcia que aboga por el equilibrio, la moderación y la verdad en todas las cosas. Se basa en la idea de que el mundo es un lugar caótico y en constante cambio y que, llevando una vida modesta, se mantiene el orden y la armonía. Esta filosofía se aplica a muchos ámbitos de la vida, pero es especialmente relevante cuando se trata de las posesiones materiales.

En un mundo bombardeado constantemente con publicidad y mensajes destinados a comprar más cosas, puede ser difícil resistirse a la tentación de acumular posesiones materiales. Sin embargo, si se recuerda la regla de *Maat*, se puede llevar una vida más modesta y concentrarse en lo verdaderamente importante. Cuando se vive con moderación, se crea espacio para experiencias y relaciones que son más importantes que las cosas materiales.

Se sienten menos las ataduras por las posesiones y más libertad para perseguir los sueños y metas. Así que la próxima vez que sienta el impulso de derrochar en algo nuevo, tómese un momento para reflexionar sobre la regla de *Maat*. Aplicando la modestia, crea una vida más rica y satisfactoria para usted y para quienes le rodean.

Ser paciente

En la vida, se puede considerar la paciencia como la pluma. Se puede usar para pesar el propio corazón y ver si se vive en un estado de equilibrio. Al igual que *Maat* representa la verdad y la justicia, la paciencia representa el equilibrio. Cuando se es paciente, se es capaz de ver los dos lados de una situación y tomar decisiones basadas en lo que es justo y equitativo. También se deja de lado el ego y se aceptan las cosas como son. Por eso, la paciencia se considera una virtud, una cualidad que ayuda a llevar una vida más equilibrada y satisfactoria.

Consejos para honrar a Maat en la vida cotidiana

Afortunadamente, no hace falta ser una deidad para vivir una vida según *Maat*. Puede hacer muchas cosas sencillas para vivir de forma ética y en armonía con el mundo que le rodea. Aquí tiene algunos consejos adicionales:

- Sea sincero en sus interacciones con los demás. Esto no significa que tenga que compartir todo sobre usted, pero sí ser sincero cuando le hagan preguntas directas.

- Respete la propiedad ajena. Esto incluye las pertenencias físicas y cosas como ideas y trabajos creativos. Reconozca los méritos de los demás y no se apropie de lo que no le pertenece.

- Sea considerado con los sentimientos de los demás. Esto incluye hablar y escuchar con respeto. Evite decir o hacer cosas hirientes, aunque sea en broma. Si alguien le ha hecho daño, intente ver su versión de los hechos antes de enfadarse.

- Sea responsable con el medio ambiente. Cuide del planeta reciclando, reduciendo los residuos y conservando la energía y los recursos.

Por supuesto, estas son solo pequeñas muestras de cómo vivir según *Maat*. Lo más importante es que sea consciente de sus actos y del impacto que tienen en usted mismo y en quienes le rodean. Vivir con integridad y respeto ayuda a crear un mundo más armonioso para todos.

La regla de *Maat* es una poderosa filosofía que ayuda a llevar una vida más equilibrada y plena. Siendo honesto, respetuoso y considerado con los demás, puede crear un mundo más armonioso para todos. Y siendo paciente y viviendo con moderación, libera tiempo y espacio en su vida para cosas verdaderamente importantes. Así que la próxima vez que se sienta perdido en el mundo material, recuerde las reglas de *Maat* y esfuércese por vivir una vida de equilibrio y armonía.

Conclusión

Cuando se vive según las enseñanzas de Maat, se crea equilibrio y armonía tanto en el interior como en el mundo circundante. Se mantiene una sintonía con los ritmos naturales de la vida y el universo y se es más capaz de superar los altibajos que inevitablemente se presentan en el camino. Al vivir de acuerdo con *Maat*, no solo se honra a la diosa y a las antiguas tradiciones kemetistas, también se emprende el camino hacia una vida más plena y alegre.

Esperamos que esta guía completa haya sido una buena introducción a la religión *kemetista* y a la diosa Maat. Hay muchos recursos disponibles impresos y en internet si desea obtener más información. La mejor manera de aprender es encontrar una comunidad local o un grupo con el que pueda conectar en persona. No hay nada como aprender y compartir experiencias con otras personas que están en el mismo camino espiritual que tú.

En este libro de fácil comprensión, se ha tratado la historia y los orígenes de Maat. También se habló de los siete principios y las 42 leyes que forman la base de esta antigua religión egipcia. Ha aprendido sobre algunas de las deidades más importantes del *kemetismo* y cómo honrarlas en su vida. Se ha hablado de la importancia de los ancestros y de cómo construir un santuario para honrarlos. Finalmente, se ha explorado cómo incorporar a Maat en la vida moderna a través de la magia, la meditación y la oración.

Aunque hay mucho que aprender sobre Maat y el *kemetismo*, esperamos que este libro le haya dado una buena base sobre la que construir. Usando la información y los recursos adquiridos, puede empezar a crear su relación con Maat y vivir una vida más equilibrada y armoniosa. Tómese su tiempo, avance a su propio ritmo y escuche a su corazón. A través de este viaje de autodescubrimiento, se comprende verdaderamente a la diosa Maat y todo lo que representa.

Vea más libros escritos por Mari Silva

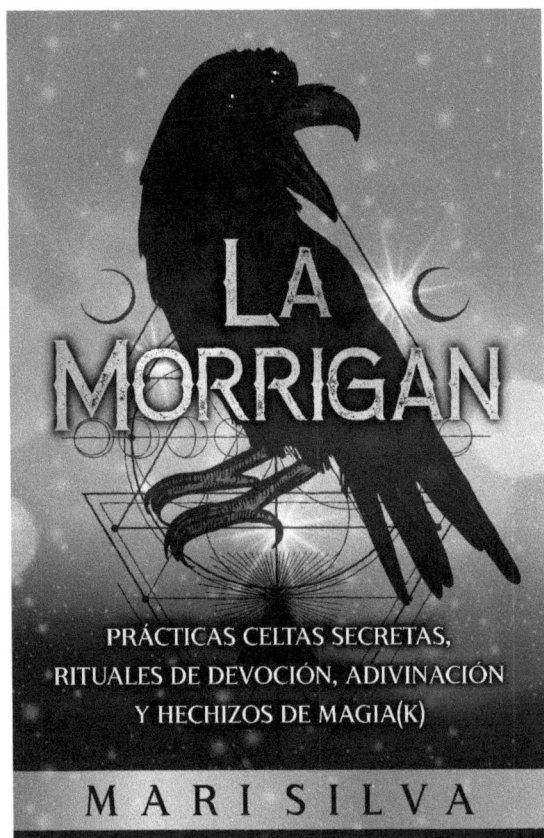

LA MORRIGAN

PRÁCTICAS CELTAS SECRETAS,
RITUALES DE DEVOCIÓN, ADIVINACIÓN
Y HECHIZOS DE MAGIA(K)

MARI SILVA

Su regalo gratuito

¡Gracias por descargar este libro! Si desea aprender más acerca de varios temas de espiritualidad, entonces únase a la comunidad de Mari Silva y obtenga el MP3 de meditación guiada para despertar su tercer ojo. Este MP3 de meditación guiada está diseñado para abrir y fortalecer el tercer ojo para que pueda experimentar un estado superior de conciencia.

https://livetolearn.lpages.co/mari-silva-third-eye-meditation-mp3-spanish/

Referencias

42 leyes de Maat en la ley del *kemetismo*. (n.d.). Blackhistoryheroes.com. http://www.blackhistoryheroes.com/2013/02/42-laws-of-maat-under-kemet-law-and.html

Ask-Aladdin. (n.d.). La diosa egipcia Maat - Maat, la diosa de la justicia - AskAladdin. Egypt Travel Experts. https://ask-aladdin.com/egypt-gods/maat/

Atum [UC4GrfTi1FYF87_wJnPxaSyA]. (2021, May 9). 42 leyes de Maat | Orígenes de la moral en la biblia del antiguo Egipto | Origen de la moral. Youtube. https://www.youtube.com/watch?v=DgPe90iqa8Y

(n.d.). 42 leyes de Maat. The Xovia Collection.

Gill, N. S. (2010, May 18). ¿Quién era Maat en el antiguo Egipto? ThoughtCo. https://www.thoughtco.com/who-is-maat-119785

Maat. (n.d.). Egyptianmuseum.org. https://egyptianmuseum.org/deities-Maat

Maat. (n.d.). Ancientegyptonline.co.uk. https://ancientegyptonline.co.uk/maat/

Maat | Concepto de la religión egipcia. (n.d.). In Encyclopedia Britannica.

Mark, J. J. (2016). Maat. Enciclopedia de la historia del mundo.

Los 42 ideales de maat -. (2019, March 24). Kemet Experience. https://www.kemetexperience.com/the-42-ideals-of-maat/

The Editors of Encyclopedia Britannica. (2021). Maat. In Encyclopedia Britannica.

Wigington, P. (2009, August 6). Maat, diosa egipcia de la verdad y el equilibrio. Learn Religions. https://www.learnreligions.com/the-egyptian-goddess-maat-2561790